JN023940

アフリカと世界の子どもたちへ

マディバより愛を込めて

よってたかって象の肉をたらふく食らい、象の血を腹いっぱい飲み、
骨と腱と毛だけ残してぜんぶ平らげた。

サン人のお話「この世に水がなかったころ」より（p.20）

絵／ジュディ・ウッドボーン

「約束(やくそく)は約束(やくそく)よ、母さん。だからちゃんとわたしをヘビさんにあげなくては」と、片手(かたて)を出して灰緑色(はいりよくしよく)の頭をなでた。

西アフリカ、ズールーランドのお話「ヘビの族長」より（p.40）

絵／ババ・アフリカ

「ちゃんと見てよ、このマディペツァーネを。とても小柄(こがら)で弱いけど、あたしはあいつより賢(かしこ)いんだからね」と口答えする。

レソトのお話「マディペツァーネ」より（p.71）

絵／リン・ギルバート

悪魔がどうやってあのパイプから煙を上げるのかなと、初めのうちこそ不思議がってたが、じきにその煙が広がってテーブルマウンテン全体を包み込んだ。

ケープタウン・オランダ居留地のお話「ヴァン・ハンクスと悪魔」より(p.138)

絵／ディーク・グロブラー

姫がその羽でウサギに触れたとたん、どこの王子かというほどの美青年に変身し、その場で姫に結婚を申し込んだんだよ。

エスワティニのお話「雲間の姫」より(p.154)

絵／ピート・グロブラー

「わたしに手伝わせてよ、お母さん。お願いだから腰をおろして休んでて」そう優しい声をかけると、あとに続く沈黙で耳がどうかなりそうだった。

マラウイのお話「土になったお母さん」より (p.217)

絵／ジョナサン・カマフォード

スラングベックは山腹から町の上空へ飛んだ。はるか下の家々が、おもちゃみたいだ。やがて灰色の雲深くにもぐりこむとね、ぼくの毛皮に霜粒がついてキラキラしたよ。

ケープタウン・イギリス居留地のお話「サニー・ラングタンドのお客さん」より（p.253）

絵／ジョー・ハーヴェイ

マディバ・マジック

ネルソン・マンデラが選んだ　子どもたちのためのアフリカ民話

MADIBA MAGIC 100th Birthday Edition
Nelson Mandela's favourite stories

Cover illustration by Natalie Hinrichsen
Map by Abdul Amien
Japanese translation rights arranged with NB Publishers
through Japan UNI Agency, Inc., Tokyo

物語のふるさと
Map of AFRICA

それぞれの物語がアフリカのどこで生まれたかを正確に特定するのは、専門の学者でも難しいことです。残念ながら全くわからないこともしばしばあります。それでも、この本でご紹介するたくさんの物語が、アフリカのあらゆる場所から生まれたことを読者の皆さんにお伝えしたいと思います。この地図の上の小さな旗の番号や、目次にある国名や地域名は、この本をまとめながら調べた、物語のふるさとです。

＊目次の物語の下の番号は、地図上の旗の番号と連動しています。

マディバ・マジック――ネルソン・マンデラが選んだ 子どもたちのためのアフリカ民話 目次

編者まえがき

「思わないよね　思わないよね
これから始まるお話を　本当だとは思わないよね」

これはアシャンティ人の語り部たちが最初に唱える決まり文句ですが、本書のような民話集のご紹介にはふさわしいかもしれません。何世紀もかけてずいぶん変わってしまったお話が、この本にはとてもたくさんあるのですから。人から人へ、民族から民族へと伝わるうちにいろんな尾ひれがついたり、一部が欠けてしまう場合もありました。だって、お話はお話です。想像をふくらませて語ってもいいし、語り手の生い立ちや環境に沿って語ってもいい。お話にさらに翼が生えたり、他の人がなにかをつけ足したりしても止めだてはできません。そうしていつかお話が戻ってきてみれば、見知らぬ人々の声で飾られていることでしょう。アシャンティの語り部たちがお話をしめくくる決まり文句は、そうした昔話ならではの特徴をうまく言い表しています。「今のはわたしが語ったわたしのお話、すてきであろうとなかろうと。よそへ行ってしまうのも、また戻ってくるのもありだよ」

この本では、うんと遠くまで何百年も旅してきたアフリカ最古のお話たちが新しい語りをまとって、世界の子どもたちにお目見えすることになりました。豊かで不屈なアフリカ魂を備えていながら世界に通用する要素の多い、人々や動物たちや怪物たちのお話の定番をいくつかお目にかけようと思っています。

アフリカ民話お得意のテーマを本書で再発見する子も、初めて触れる子もいそうですね。悪知恵にたけた生き物は、はるかに強い敵を片っぱしからだますんですよ。ズールー人やコサ人のウラカニヤナですとか、ヴェンダ人のサンクハンビもそうです。ウサギは小ずるくて悪いやつだし、ずる賢いジャッカルはいたずら者の役回りがほとんどです。負け犬役はハイエナ（オオカミと組むこともあります）、動物たちにプレゼントを配るのは王さまライオン。ヘビはこわいですが癒しも司り、水の力と結びつくことも多い。魔法の呪文は死や解放をもたらし、人々や動物が変身するお話や、大人や子どもに怖がられる恐ろしい人食いの話もあります。

そういった古くからの宝物である定番のお話に加えて、南アフリカやアフリカ大陸各地の新しいお話も本書に足しておきました。

絵／ナタリー・ヒンリックセン

この一冊でアフリカの語り部の声を未来へ引き継ぐとともに、世界の子どもたちがすばらしい読書体験を味わい、お話の魔法で自分の世界を広げる力を失わずにいてほしいと願ってやみません。

ネルソン・マンデラ

Mandela

魔鳥の歌

無垢な子どもたちの持つ力を語るこの東アフリカ発のお話は、ベルリン伝道会のユリアス・ウルカ師により、二十世紀初頭にタンガニーカ（現タンザニア）のベナランドで採話されたものです。

ある日、なだらかな丘に囲まれた小さな村にふしぎな鳥がやってきた。その時からおだやかな日々は根こそぎ消えうせてしまった。村人たちが畑に植えた作物は一晩であとかたもなくなり、朝がくるたびにそれぞれの家の羊やヤギや鶏は減っていく。巨大な魔鳥はみんなが畑仕事に出はらった昼間に堂々とやってきては、納屋や穀物倉を破って冬用のたくわえを荒らすようになった。

村は打ちのめされ——どこもかしこも泣き声や歯ぎしりの音ばかり。でも、あの鳥は——たとえ村いちばんの勇者でも——どうにもできない。ここかと思えばまたあちら、すぐそこをかすめて飛んだかと思えば、村はずれにこんもりと茂った古いオオバユクの大木のてっぺんに止まっているのだからね。

村長は困った困ったと頭をかきむしるばかりだったが、自分のうちも家畜や冬の食べものをごっそりやられると、すぐさま村の男たちにまさかりや斧を研いでこさせた。みんなで力を合わせてあの鳥をやっつけにいくぞ。「あの木を切り倒してしまえ。そうすりゃ、どうにでもなる」

そんなわけで働きざかりの男たちは、カミソリみたいになった斧やまさかりを構えて村はずれの大木に近づいた。まずは斧を力いっぱい幹にぶちこんで大きく揺さぶる。と、上から茂みをかきわけてあの魔鳥があらわれ、とろけそうな声で歌いだした。その歌は男たちの心にしみいり、行けば二度と戻ってこられない遠い国々へ出かけようじゃないか、などとくちぐちに夢を語りだす。そいつは魔法の歌だったのでね、だれもかれも斧やまさかりを落としてその場にへたりこみ、あの鳥が歌い上げる鮮やかな異国の風景にひたすら聞きほれたのさ。

斧は鈍るし、やる気もなくなっていく。いやあ、あんなひどいことをしたのが、あんなにきれいな鳥なわけがない！　そうして夕日が赤く沈むころに夢遊病みたいな足どりで帰ってくるとね、こう言うんだよ。あの鳥は何にもしてません、だから、おれたちも何にもせずに引きあげました、ってね。

村長は腹を立てた。「ならいい、若いもんの手を借りる。若さで鳥の魔力をぶち破ってこい」

あくる朝、村の若者たちはぴかぴかの斧やまさかりを持ってあの木へ出かけ、またしてもがつんと一撃食らわした。すると、またしてもあの魔鳥が緑のねぐらから極彩色の姿を見せ、またしても四方の丘に響きわたる声でみごとな歌を聞かせた。若者たちはやすやすと魔法にかかり、自分たちの未来に待っている恋や勲のかずかずを歌い上げる声にうっとり聞きほれた。あの鳥が災いだなんてそんなバカな、ぜったい悪いやつじゃないよ。というわけで、やっぱり斧やまさかりを放りだして、大人のおじさんたちのように魂を抜かれてしまったんだね。

そうして日暮れになってようやく正気づき、大あわてで村長のところへ戻ってきた。耳にはあいかわらず魔鳥の歌が響いている。「むりですよ」と、若者のかしらが言った。「あの鳥の魔力に逆らえるやつなんか、どこにもいません」

今度こそ、村長はぶち切れた。「あとは子どもらだけか。子どもは耳が素直だし、目も澄んどる。このわしが子どもらを率いてあの鳥に立ち向かうぞ」

あくる朝、村長と村の子どもたちは魔鳥のねぐらの木へ出かけた。子どもたちの斧が木に深く食いこんだとたん、前と同じに上の茂みからあの鳥があらわれた——美しいのなん

絵／ピート・グロブラー

の、目がつぶれそうだ。でも子どもらは目もくれずにめいめいの手もとだけを見て、自分たちの歌で拍子をとりながら、かんかん、こんこんと切り進んでいく。

やがて鳥が歌いだし、その美声をうっかり耳に入れてしまった村長は手を鈍らせたが、子どもたちは単調な斧やまさかりの音にひたすら集中し、鳥がどんなに歌おうが、かんかん、こんこんを止めなかった。

とうとう木が傾きだし、めりめりと音をたてて魔鳥ごと倒れた。見れば、あの鳥は倒れた木の下敷きになって死んでいる。

あっちからも、こっちからも村中の人が駆けつけた。子どもたちの細腕がすごいことをやってのけた。たくましいおじさんたちも、力じまんの若者たちもびっくりの大手柄じゃないか！

その夜、子どもたちをたたえる大宴会で村長はこう挨拶した。「おまえたちだけがあの鳥のでたらめに耳や目を惑わされなかった。村を守ってくれたのは、おまえたちの耳や目だよ」

英訳　ダレル・ブリストウ＝ボーヴェイ

猫が人間の家に住みついたわけ

犬が家畜になったお話ならたくさんありますが、この民話は猫が人間の家で人気者になるまでを明かしたものです。民俗・音楽学者のヒュー・トレイシーが、ジンバブエのショナ人からカランガ語で採話しました。

むかしむかし、メス猫は気ままに暮らしていた。だけど、ひとりぼっちでいるのに飽きがきてね、野生のオス猫をジャングル最強だと見こんで夫婦になったんだ。

ところがある日、夫婦でけもの道をぞろぞろ歩いていると、深い草むらから——ひょいっと——出てきたヒョウにオス猫はぼろ負けし、転がされて泥まみれになった。

「あれれ！」と、猫のかみさんは言った。「このざまじゃ、ジャングル最強はうちのだんなじゃないね。ヒョウのほうがいいよ」

そこで、こんどはヒョウとくっついた。

しばらくは夫婦仲よく暮らしていたが、いっしょに狩りに出たある日、ヒョウは物陰にいたライオンに――ガオーンと――背中から飛びつかれて、ぺろりと食べられてしまった。

「あれれ！　ジャングル最強はヒョウじゃないね。ライオンのほうがいいよ」

そこで、こんどはライオンとくっついた。

しばらくは夫婦仲よく暮らしていたが、いっしょにジャングルを散歩していたある日、ライオンは仰ぎ見るようなでっかいのに行く手をさえぎられ――パオーンと――あっさり踏みつぶされてしまった。象だったんだ。

「あれれ！　ライオンも違うのかい。じゃあ象さんだね」

そこで、こんどは象とくっついてその背によじのぼり、両耳にはさまれた首にうまくおさまって、ごきげんでゴロゴロと喉を鳴らしたんだよ。

しばらくは夫婦仲よく暮らしていたが、ある日、いっしょに河辺の葦をわけて進むさなかに――パーン！――いきなり大きな音がして象は倒れてしまった。

猫がそのへんを見回しても、銃をさげたちっぽけな人間の男しかいない。

「あれれ！　象も違うのかい。じゃあ人間の男だね」

猫はじっくりあとをつけていって男のねぐらをつきとめ、わらぶき屋根に飛び乗った。

「ああ、やれやれ。ジャングル最強にようやく巡り合えたよ」

と、ごきげんでそこの屋根に陣取り、さっそく村中のネズミを捕りにかかった。ところ

絵／ジーン・フララヴ

が、いつもの屋根で日向(ひなた)ぼっこしていたある日、中がなんだか騒(さわ)がしい。人間たちが夫婦(ふうふ)げんかをおっぱじめ――わあわあ、ぎゃあぎゃあ！――男は家の外へ放り出されて泥(どろ)まみれだ。

「ひゃあ！　ジャングル最強(さいきょう)はこれではっきりしたね。人間の女で決まりだよ」

猫(ねこ)は屋根を降(お)り、女のなわばりである家の中の炉(ろ)ばたに落ちついた。

それからは、ずっとそこにいるのさ。

この世に水がなかったころ

このサン人のお話は、この世の始まりの生き物たちが草や水にありついたいきさつを描いています。それをもとに民俗学者ピーター・W・グロッベラーが再話しました。

はるかな昔、この世を開いたカゲンの神が動物たちを作ったころ、泉も川も井戸もなかった。だから動物たちはおたがいの血を飲み、骨から肉をちぎりとって食べるしかなかった。ああ、そうとも、だれも安心できない血なまぐさい世界だったのさ。

それで、ひときわ大きな象がこう言った。「もうやってられるか、こんなの。いっそ死んだほうがましだ。そうすれば、おれの骨という骨はすべて実のなる木となり、腱は地面いっぱいに広がって喉をうるおす野生スイカを実らせ、毛は野原いっぱいの青草に変わるのに」

すると動物たちが、「象さん、それってあとどれぐらい？　おれたち、あとどれだけ待たされるの？　だって象の寿命はおそろしく長いんだろ！」

「さあな」象は答えた。「まあ、待つしかないね」

するとすかさずヘビが、「手を貸してやるよ！」と毒の牙で嚙みつき、象が死ぬまで放さなかった。

おおあとは早い者勝ちさ！　ライオンにヒョウ、ジャッカルにウサギ。老いぼれカメまで曲がった足でよたよたやってきてね。よってたかって象の肉をたらふく食らい、象の血を腹いっぱい飲み、骨と腱と毛だけ残してぜんぶ平らげた。あとはみんな寝てしまったよ。もうおなかがぱんぱんでさ、横にならずにはいられなかったんだもの。

だけど朝になって目をさますと、動物たちはまたぶつくさ言いだした。「なんだよ、死んだ象の肉はきれいになくなっちまったじゃないか。これからは、どこで食いものを見つけりゃいいんだ？」涙があればたっぷり流していただろうけど、お日さまのせいで喉はからから、干上がった目からはひとしずくの涙も出やしない。

「心配すんなって！」と、ヘビが言った。「象の約束があるだろう？」

「自分が「死んだら」ってな」と、動物たちが言い返す。「だけど今回は違う。あんたが「殺した」んじゃないか」

「まあ、そう言うなよ」ヘビが、「あせるなって。ひとまず待ってみようじゃないか。おれの血を飲みたいやつはいるかい？」

絵／ジュディ・ウッドボーン

でも、はいそうですかと乗ってくるやつはいない。毒の牙はおっかないからね。

やがて動物たちのねぐらから星が天に昇るころ、新たな光が夜空に増えた。「象の魂だ！」動物たちはおびえた。「みんな、あいつにやられちゃうよ！」

「まあまあ、ひとまず様子を見ようよ」ヘビがなだめる。

そしたら象のふたつの目玉がまっ赤な炭火のように輝いて空にのぼり、食べつくされた自分のなきがらの真上で止まった。

すると象の骨がすっくと立ち、枝と根を伸ばしてたわわな実をつけた。腱は地面いっぱいにつるを伸ばして野生スイカをたくさん実らせた。象の毛は緑したたる平原になった。

「やあ、食べものができたぞ！」動物たちは大喜びでさっそく食べにかかった。だけど、肉と生き血がないと次の夜まで生きられない動物もいる。ライオン、ヒョウ、ジャッカル、オオカミ、ヤマネコやフクロウなんかだね。

だから肉食のやつらは他の動物が眠ったすきにこっそり忍び寄り、殺してがつがつ食った。タカは特にずうずうしくて、まっぴるまから餌食を探してたよ。こう言って遠慮したのはハゲタカだけだった。「そりゃあ、肉は食べたいけど、そのために仲間の命を奪うのもなあ」

ただし、みんながどうやら食べものにありつけても、文句の種はまだ尽きない。

「水だよ！　水！　水はどうした！　このままじゃ、からからになって死んじまうぞ」

「だけど、木の実の汁けがあるだろ」ヘビに言われた。「スイカも草もあるんだし」

「水ぅ！　水！　水！　水！」動物たちは耳を貸そうともせず、いちばん生き血が甘そうな若いやつを探しにかかった。

「象はみんなのために死んでくれたんだぞ」ヘビは腹を立てた。「おれだってありったけの毒を出してやった。なのに、おまえらはいつまでも文句ばっかりかよ」他のみんなはちっとも知らなかったけど、あの大きな象を倒すのに、ヘビは手持ちの毒をぜんぶ使ってしまったんだね。「ちょっと待ってろ、水なら出してやるから！」

ヘビは手近な穴にもぐると気合いでシューッと水を吐き、穴からぼこぼこあふれ出るまでがんばった。水は四方八方にあふれて大地をうるおし、さらに低いほうへと流れていく。

「さあ、これで泉や川や井戸ができたぞ！」みんなは大満足だ。

こうして動物たちは好きなだけ飲み食いできるようになり、「草は象から、水はヘビから」ということわざが今日まで語り伝えられてきたわけだよ。

英訳　ダイアン・スチュワート

王さまライオンの贈り物

コイ人の民話によると、この世の動物たちに初めてしっぽや角や毛皮をくれたのは王さまライオンだとか。ピーター・W・グロッペラーの再話です。

王さまライオンは大宴会を開き、動物たちを全員呼んだ。王さまに呼ばれるのは命令と同じだから、断るなんて無理だ。アンテロープの奥さんだけは嫌がったけど。「いやよ。ライオンなら、うちの一家全員をぺろっと食べちゃいそう。のこのこ出てって、そんな目にあわないと保証できるの？」

「だよね、そうよ、そうよ、そうよ！」アンテロープの奥さん仲間がくちぐちに賛成した。

「だったら、おれだけでも行く」だんなが言った。「出なきゃ出ないで、あとで面倒になりかねん」

「そうだよ、行こうよ」ほかの夫たちも勧めた。

奥さんはぷりぷりして、てこでも動こうとしない。宴会のごちそうに釣られたのは、ばあさんヤギぐらいだった――たとえ食われてもいい、あたしゃ出るよ！

まあそんなわけで、動物たちはやってきた。ヒョウにウサギ、シマウマにモグラ、象にスカンクにヘビ、ヒヒはなにしろ知りたがりだから出ずにはいられないし、ロバはおバカさんだからね。イワダヌキやカバやイワトカゲも来たよ。ああ、そうとも――どんな宴会もかなわない大宴会だった。

まずはヒヒを先頭に少し踊ってね、それから少し歌った。ジャッカルの声はよかったね。それからみんなで蜂蜜を食べてミルクを飲んだ。ライオンとヒョウとオオヤマネコとハイエナも、血をすすったことなんかありませんって顔でいっしょに食べてたよ。だってライオンからすれば、かりにも自分の宴会に来てくれたお客さんの身内をごちそうにしたんじゃまずいだろう。

「聞け、わが家来どもよ！」ライオンは、蜂蜜をきれいに食べ終わると言った。（ごちそうの初めと終わりは王さまの取り分だし、まん中もかなり食べるから――他の動物たちはそのおこぼれがせいぜいなんだ）「よく聞け！」と、繰り返す。「わたしがどんなにいい王さまかを示すために、これから、おまえたちにもれなく贈り物をやろう」

「ありがとうございます、ありがとうございます！」動物たちは大声をあげると、他のやつらに先にいいのを取られてたまるかと、われがちに出ようとした。「とどまれ！」ライオンが叱りつける。「勝手に取ったやつには何もやらん――欲ばりは後回しにするぞ！」

それで、少しは静かになった。

「角がほしい者は」とライオンが言った。「片側に並べ！」

「角だって？」アンテロープが仲間にたずねた。「角はあったほうがいいと思わないか？」

「はい、はい、ください」と、アンテロープたちが大声で言いながら並んだ。

「そら、角だ」ライオンが角をつけてやる。「ただし、欠席の女房にはやらんぞ」

象は並んで進むアンテロープたちを見て、大きな図体でむりやりライオンの近くに割りこんだ。「おれにも角をください」と、きれいな白い角二本を勝手に口にくわえる。

「この欲ばりめが！」ライオンが怒った。「そんなに欲ばりなら、角は口に詰まったままにしてやる。アンテロープたちのように頭には飾れんからな」

「ええっ、そんな！」象は息を呑んだ。「それじゃあ鼻が短すぎるよ。できない…できないよ…息ができない！」

「なら、こうしてやろう！」ライオンは象の鼻を引っぱり、地面に届くほど長くしてやった。「ましになったか？」

「ありがとうございます」象はもごもご言うと、角でできた牙と長い鼻をぶら下げてあたふた出ていった。

だが、またしても角の山を勝手にいじるやつが出た。サイが鼻を突っこんだんだよ。

「ほほう」と、ライオン。「おまえはどこにでも鼻を突っこみたがるから、鼻先に角をくっつけてやろう」

「そ、そんな――角なんかいらない！」とたんにサイは角をつけた鼻で王さまを襲おうとしたが、あべこべにライオンに痛打をかまされて角の先が折れ、目が腫れてまともに開かなくなった。サイがいまだにしょぼしょぼ目で、角もちぐはぐなのはそのせいなんだ。

ライオンは次の山へ近づいた。「こっちはきれいな耳の山だぞ！」

まあ、動物って子どもとおんなじでねえ。聞く耳は持たないしほしがらない。けど、ライオンはさっそく長い耳一対を構えててね、手にした以上は王様だから絶対に取り下げたくない。「では、こいつをやろう！」と手近な二匹に押しつけた。ロバとウサギだよ。もらったほうはお礼を言うしかない。

「きれいな服がほしい者！」ライオンが呼ぶ。

今度は大騒ぎになったね。ライオンはありったけの知恵を使わないといけなくなった。

動物たちは目立ちたがりだから、だれもが仲間よりきれいになろうとしたのさ。

ヒョウにはぶちの上下おそろい。シマウマにはしましまのジャケット。だけど、馬と牛にはずいぶん手間取ったよ。

「あたしらは農家で働いてます」馬が言う。

「ですから、毎日こざっぱりしてなくちゃね」と、牛。

「だから一着じゃ足りないんですよ」と、馬。

「動物はこれだからって、農家の人間に笑われたくないし」牛が言った。

「よかろう」と、ライオンは言ってやった。馬は威勢のいい足どりで、牛は王さまの心を和らげる優しい声で、どっちもライオンのお気に入りだったんだ。「来なさい！」

馬が先だった。いやあ、きれいなんて言葉じゃ足りないよ。葦毛に栗毛、こげ茶に純白、ぬばたまの黒まである。馬は「本当にありがとうございました」と大喜びで駆けていった。だけど、しばらくすると着替えが面倒になり、子どもたちに服を分けてしまった。だから馬は同じ服をずっと着たきりだけど、みんなそれぞれ違うんだ。

牛は混色ドレスに赤いジャケット、日曜の晴れ着用に黒いベストを手に入れた。でも、馬と同じで、あとから子どもたちにすっかり分けてやったんだ。

ライオンがまだ牛をせっせと構ってやっていると、待っている群れの中から「ねえ、あたしはどうなるの」とどなり声がした。「馬と牛にばかりあげないでよ！」キリンだ。

ライオンは「なんと無礼な！」と声を高めた。「よくも王をどなったな。もう二度と口

絵／マーナ・ハッティング

をきくな！」おかげでキリンは声をなくしてしまった。

急ぐつもりがないのを示そうと、ライオンはわざとゆっくり角の山に戻っていって、分けてやった服すべてに合う角を牛に選んでやった。

牛はていねいにお礼を言うと、もらったものを持ち帰った。

いっぽう、しゃべれなくなったキリンが見るからにしょんぼりしていたので、ライオンはかわいそうになり、「おまえには特別似合う服をやろう、それに合う角もつけてやる」服と角をつけて早くも見違えるようになったキリンの姿を、ライオンは上から下まで点検した。「あとは長い首をやろうか、遠くからでも敵に気づけるように。それと、早く逃げられるように長い脚もな」喜んだキリンは足どり軽く帰っていった。

そこでライオンがまた振り向こうとする矢先に、前脚の間を何かが動いた。「こら！」とどなってひと跳びし、逃がさないように踏みつぶす。ライオンの爪の間から、黒あざや青あざを頭にこしらえて這い出てきたのはイワトカゲだった。「悪いのはおまえだ」と王さまに言われる。「これからはずっと青い頭だからな」

ライオンは焦りだした。太陽が沈みかけ、空きっ腹がぐうぐう鳴っている。牛乳や蜂蜜は、百獣の王にふさわしい食べ物じゃない。だから、あとは手当たりしだいに動物たちに配った。ヒヒは鎌形のしっぽを手に入れた。イワダヌキとモグラはそれぞれ細長いしっぽをもらったが、気に入らなかったのでこっそり埋めてしまい、しっぽなしですませることにした。

ヤギはひげをもらい、ばあさんヤギも何が何だかわからずにひげをつけられた。動物たちが忍び笑いするのをよそに、ライオン王は続けた。「次だ！　次だ！」

カバには大きな歯が四本生え、ヘビはたまたまライオンが猟師から盗んでおいた薬入りのヒョウタンを取って一気飲みした。体内でその薬が沸いてしまってひたすら吐きそうになる。さらに毒に変わって嚙みつきたくなった。

「そいつの足を切り落とせ！」ライオン王が叫んだ。だが、それでもおさまらない。ヘビはそのへんで気がおかしくなり、腹ばいになって逃げ出した。今でも見るものすべてに嚙みつき、毒は前よりひどくなってるね。

スカンクはというと、ライオン王妃の香水の小瓶を取ってそっくり自分にかけた。ひどい臭いだ！　動物たちは鼻をつまみ、角やひづめや揺れるしっぽなどを手当たりしだいにつかんで逃げだした。

「おれたちは？」選り好みが過ぎて、まだ何ももらっていないハイエナとジャッカルが半べそをかく。

疲れたライオンが見回しても、残っているのは泣き声や笑い声だけだ。「好きなのを持っていけ」と言ってやる。「ただし、あと一分でも長居するなよ！」

二匹は残りものを取るしかなかった。だから今でもハイエナは動物いちばんの大声で笑うし、泣き声の大きさでジャッカルの右に出る者はいない。

そこへようやくカメじいさんが会場にたどりついたが、動物も贈り物も見当たらない。だからワニが作ってくれたトゲトゲのこうらの中で今もよたよた歩いているし、カエルははだかで水中にいる。待つ間に暑くなってちょっと泳ぎに行ったすきに服を盗まれてしまってさ。もう恥ずかしくて他の動物たちの前に出られず、日向ぼっこ中に何かの物音がすればすぐ水に隠れる。だけど暗い夜になると、兄弟全員で出てきて文句を言うんだ。

「どこだ？　どこだ？　どこだ？」一匹が言うと、「服は！　服は！　服は！」と、他の兄弟たちもくちぐちに言うってわけさ。

英訳　マルグリット・ゴードン

お月さまの使者

詩人、小説家、短篇作家のジョージ・ワイドマンがレイチェル・アイゼスおばあから聞いた「死がどうしてこの世に生まれたか」のナマ人版を再話しました。大昔から伝わるこの民話には類話が無数にあり、お使い役はカメレオンとトカゲだったり、お使いをしくじるのはウサギ単独だったりします。今回はダニとウサギです。

これは満月とダニとウサギ、それに遠い昔にお月さまが人間に送ったお使いの話だよ。お使いったって、並の用件じゃないよ！　ほんとに大事な伝言のお使いだったのさ。だってね、お月さまは消えたって本当に死ぬわけじゃないだろ。そのたびにまた生き返って満月になるんだから。その力を人間にも分けようと思ったんだ。「わたしが死んで生き返るように、人間たちも死んでもまた生き返るようにしてあげましょう」ってね。

お月さまは、この人間たちへの大事な伝言をダニに託して届けさせることにした。怠け者のダニがやぶに居座って、ヤギを連れたヤギ飼いをじっと待っててんのをご存じだったんでね。だから、そいつらに飛びついて焚き火のある村まで乗っけてってもらえば話が早いってわけ。それでダニに伝言を教えた。

だけどあいにく、ダニはただの怠け者じゃなく——目が悪かった。月からお使いに出たのはまだ夜のうちだ。だから近くの草むらにもぐりこみ、ヤギが草を食べ始めるまで寝て待つことにした。

ダニは初日の影が草むらに落ちるころに忍び出て、すぐ目の前の骨ばったすねに這い上がり、しっかりつかまった。だけど、あーあ…そこで大しくじりをやらかした。あの伝言を忘れないように何度も何度も復唱して頭に叩き込むうちに下の地面が消えうせ、カエンボクの木もアオサンゴの茂みもだんだん小さくなっていく。

そこでようやく、このヤギには毛皮じゃなくて羽が生えていると気づいたんだ！ ライチョウだったんでね、鳴きながら遠くの茂みに降りるや激しく羽ばたいて、ダニを葦の茂みへ吹っ飛ばした。

その日の夕方、お月さまははるか上からあのアオサンゴの茂みごしに、吉報に喜び踊る人たちの姿を見ようとした。でも、村はしんとして焚き火も弱まっている。子どもたちの泣き声からすると、だれかが重病にかかっているらしい。それで、ダニがまだお使いを果たしていないのがお月さまにもわかった。

その夜にぱらりと雨が降り、二日目にはダニの近くでスプリングボックとオリックスが

絵／ロバート・ヒッチェンス

はしゃぎ回って砂をざくざく鳴らすのが聞こえた。そこで葦の上で待ちかまえて、影が落ちてきたので、「これだ」とばかりによじ登った。

いやいや、だけどこいつはダニがすねにかじりつくつもりのヤギじゃない！　そう気づくまでにオリックスはとうに村を過ぎ、はるか向こうの雨跡を追いかけて日没の方角へと走っていた。

夕方になってオリックスが草を食べようと立ち止まるころ、ダニがふと気づけばお使いの用件を伝えずじまいでまた一日過ぎてしまった。村はもうはるかな山々のかなたに遠ざかってしまっている。

しばらくして、お月さまがアオサンゴの茂みからのぞくと、ゆうべよりも火が弱まって、人々の泣き叫ぶ声が聞こえた。

だれかの病気がすごく重くなり、ダニのいい報せはまだ届いてないんだね。

三日目にダニがスイバの葉の上にいると、ウサギがやってきておいしい葉をかじりだした。それで、ダニは自分の悩みを打ち明けた。

知りたがり屋のウサギがさっそく伝言を知りたがったので、ダニは早口で教えてやった。

「月が死んでまた生き返るように、あなたたちも死んでまた生き返るのです」とね。

「大事な話じゃないか」ウサギは思った。「こいつを人間たちに届けてやれれば、おれはお月さまのお気に入りになれるぞ」だから、ダニを村まで連れてってやるよと約束した。ところが手近なアオサンゴまで行かないうちに、ウサギは自分のはおったモコモコの毛布をふるってダニを吹っ飛ばしてしまった。あっさりと「邪魔だ、うせろ！」と言い捨てたウサギは、またたく間に村へたどりついてお月さまの伝言を人々に告げたんだ。

ところがダニは目が悪いかもしれないが、ウサギは物覚えが悪かった。大事な使いを果たせばチヤホヤされる、いい思いができる、それしか頭にない。ダニのように何度も復唱したりせず、耳と白いふわふわのしっぽで小石や草をかすめて大急ぎに急いだ。

だけど、ぜいぜい言いながら村につくと、ダニから聞き出した伝言はすっかりあやふやだ。繰り返せば繰り返すほど混乱し、ますますわけがわからなくなっていく。そうしてほこりにまみれて青ざめてぶっ倒れながら、人々にこう伝えたんだ。「わたしは死んだらそれっきり。あなたたちも同じように死んだらそれっきりになるがいい」村の人々はみんな泣き叫んで砂と灰をかぶって嘆き、まさにその瞬間にあの重病人が息絶えた。

その夜、月がアオサンゴ越しにのぞいてみると、焚き火はどこにもない。村は荒れ果てていた。人間は全滅し、生きものの気配はない。

よく見ればダニはどこにもおらず、ウサギはまだ炉の前にいて、間違った伝言をぼんやりと繰り返していた。

お月さまはかんかんになり、燃えさしの薪を取ってウサギの顔を殴った。驚いたウサギはモコモコの毛布を炉の灰に落としてしまい、そいつをあわててひったくってお月さまの顔にぶつけた。

殴られたウサギの口はその時から裂けてしまい、お月さまの顔は灰まみれで青白くなったとさ。

英訳　レイラ・ラティマー

ヘビの族長

民話伝承研究家ダイアナ・ピッチャーはズールーランドで育ち、子どものころに名手ミリアム・マジョラの語りでこの話を聞いたことがあります。お話に出てくる「若い娘が強い意志で呪いを破る」というテーマを、のちにアフリカ西海岸の伝承でたびたび見出すことになりました。

ヘビもやはりアフリカ昔話の定番モチーフです。ここではズールーランドで親しまれてきたお話の再話をどうぞ。


ナンディはとても貧しい女だった。夫には先立たれ、牛の放牧をとりしきる息子がおらず、たったひとりの娘に手伝わせて畑を作っていた。

ウムドニ（ウォーターメロンベリー）の木が豊かなクリーム色の花をつける夏、ナンディと娘はタロ芋を掘りだしてモロコシ粥に添えて食べた。そうして秋になってウムドニの花が枯れてしまうと、ウムドニの実を摘んできて紫色に熟した甘い実を隣近所に配り、お返しにわずかばかりのヤギの干し肉や濃いサワーミルクのヒョウタンをもらうのだった。

そんな暑いある日、ナンディはいつものように川っぷちに出て紫のウムドニを摘もうとしたが、まるで見つからない。見当たらないのだ――たったのひと粒も。

ちょうどその時だった、シューッという耳障りな恐ろしい音がする。目を上げてみれば、灰緑色の大ヘビがウムドニの赤黒い幹に巻きつき、枝の上でかま首を揺らしている。実をひと粒も残さずに食い尽くしたのはそいつだった。

「あたしの実を取るなんて」ナンディは声をかけた。「ああ、ヘビさん。あんたが取ったのは全部あたしの実よ。あんたにすっかり取られちゃったら、これからは何と引きかえに肉を手に入れられるの？」

ヘビはまたシューッと脅すと、幹をおりかけた。それでナンディは怖くなったが、逃げたらウムドニの実が手に入らない。

「じゃあ、おれがウムドニの実をくれてやったら、引きかえに何をくれる？」ヘビがシューシュー言った。「おまえのそのかごをいっぱいにしてやれば、かわりに娘をよこすか？」

「いいわよ」ナンディが声をあげた。「娘なら今夜にでもあげる。ただし、かわりに紫色に熟した実でこのかごをいっぱいにして」

だが、ふとかごを見ればもういっぱいに実が入っており、とんだ約束をしてしまったお

絵／ババ・アフリカ

かげで帰り道ずっと震えが止まらなくなった。あんなおぞましい化物に、うちの娘をくれてやれるわけないでしょ？　だから念には念を入れて、あのヘビに住まいを突き止められないように用心した。まっすぐ帰るわけにはいかない。見られたらまずいからね。

ナンディは岩だらけの浅瀬を渡り、向こう岸のやぶに隠れ、いばらをこっそりすり抜けて出た。革のスカートが長いトゲにひっかかり、小さな革の切れっぱしを残したのに気づきもしないで。よく気をつけてこっそり葦の茂みをくぐり、ワニに絶えず用心しながら深い池を歩いて渡った。その途中でせっかくの紫の実がこぼれ落ち、水にぷかぷか浮いているのにまるで気づかない。

そのまま抜き足差し足で大きなアリ塚へそろりと近づく。そこを抜けてしまえばあのウムドニ林からは完全に見えない。だが、途中でミズネズミの隠し巣穴に片足をとられてしまい、左足首の飾りビーズが三粒外れて柔らかい茶色い土に残ってしまったが、気づかずじまいだ。ようやく粗末な家に戻ってくると、「ああ、いい子ちゃん、とんでもないことになったの。このかごいっぱいの紫の実と引きかえに、あんたをヘビのお化けにやると約束してしまって」と大声で娘に言うなり、ぼろぼろと涙をこぼした。

ヘビはするすると木をおりてナンディのあとをつけた。こっちか、あっちかと迷いはしたが、そこでいばらのトゲに引っかかった革の切れはしを見つけた。

また迷った時には熟した紫の実が深い池にぷかぷか浮いていて道がわかった。

さらに迷った時は、ミズネズミの巣穴の口のビーズ三粒が道を教えてくれた。

そしてちょうどナンディがわあっと泣き出すと、あばら家の入口にシューッと大きな音をたててヘビが入りこみ、長い灰緑色の体でとぐろを巻いた。

「だめ！　やめて！」ナンディは泣き叫んだ。「あれは本気の約束じゃない。あんたなんかに娘をやれるもんか」

それを聞いた若い娘は顔を上げ、優しい深い目にまったく恐れを浮かべずに言った。

「約束は約束よ、母さん。だからちゃんとわたしをヘビさんにあげなくては」と、片手を出して灰緑色の頭をなでた。「さあおいで、何か食べられるものがあるかしら」濃いサワーミルクのヒョウタンをとってきて、ヘビに飲ませてやった。それから自分の毛布をたたむと、夫になったヘビの寝床をこしらえてやった。

ナンディは夜通し寝つけなかった。どうしてかって？　ヒョウが咳払いしたから？　ハイエナが月に歌ってたから？　なぜだか寝つけなかった。だから、また耳をすました。話し声がする。ひとりじゃない。自分の娘がだれかと話している。だけど、もうひとりの声はだれだろう？　あの深くて力強い声は？

それでナンディは自分の革の上掛けからそうっと抜け出した。そしたら何が見えた？

まだ寝ていて夢でも見ているのか？　娘といっしょに座っているのは、背が高く、たくましく日焼けしたハンサムな若者じゃないか。きっとどこかの族長のお血筋か、なんなら族長でもおかしくないよ。娘はビーズのネックレスを編んでいた。色とりどりのビーズを婚礼用の模様に編みこんでいる。あの若者は、愛情こめた目で話しかけながら娘を見守っている。

さっきまでヘビが寝ていた、折りたたんだ毛布の寝床をナンディは見た。上に、とぐろを巻いた灰緑色の長いヘビ皮が脱ぎ捨てられている。そいつをつかんで、まだわずかに燃えていた家の炉に投げこんだ。

「さあ、これで呪いが解けたぞ」そう言ったのは、あのヘビの族長だった。「心がけのいい娘に哀れんでもらい、間抜けな老女にあの皮を火にくべてもらったからな」きつい言葉のわりに、ナンディに笑いかけたその顔は優しかった。

今じゃ、ナンディには三人の孫がいる——野原で牛の番をしてくれる男の子と、モロコシ畑に水をやり、タロ芋掘りを手伝ってくれる女の子がふたり。もう、わざわざウムドニの実を摘みに行かなくてていい。だって食うには困らないもんね。

怪物をだました男

いたずら者のウラカニヤナはズールー民話の花形です。でも、似たような登場人物は他の言語グループのお話にもちょいちょい見受けられますよ。ジャック・コープが集めてきたこのお話は、ズールーランドの夜の焚き火を囲んで語り継がれてきました。彼はそうしたお話を聞いて大きくなり、源流を求めてングニ人の民話にたどりついたのです。

ウラカニヤナは母親を置いて家から逃げ出した。戦士たちに追いかけられたからだ。そのまま大地を歩き続けたが、楽器もないし、歌うような気分にはなれなかった。もうくたくたで腹ぺこだ。

とある小さな丘を遠目に見る場所は四方が見渡せ、おかげでウラカニヤナは深い草むらに巣穴を隠したウサギに行き当たった。

ウサギはとにかく頭がいいし、はしっこい。見つからずに忍び寄って捕らえるのは、ウラカニヤナでは無理だ。それで堂々と挨拶し、そこらの石に腰かけて話しだした。

「なんであんたはそんなに耳が長いんだ?」と尋ねる。

「そりゃあ、何か起きる前に気づくためさ」

「じゃあ、笛が鳴るのは聞こえるかい？」

ウサギは耳をすませると、そんなものは聞こえないと言った。

「川からここへの途中にあった木陰で寝てる水牛どもを見かけたよ。そいつらは今ごろ、こっちへ向かってる。逃げなきゃ踏みつぶされちまう。あいつらの足音が聞こえるじゃないか」ウラカニヤナが言う。

ウサギが耳をすました。「聞こえないぞ、そんなの」

「だけど、こっちへ走ってくるぜ。その耳ほじって、ようく聞いてみな」

ウサギは草で耳をほじると、またじっと聞き入ったが、水牛の群れの音なんて全く聞こえない。

「ぐずぐずしている場合じゃない！」ウラカニヤナが声をかけた。「あんたの両耳を地べたにつけてみな、ひづめのとどろきが聞こえるはずだぞ」ウサギは頭を地面にかがめ、長い耳をふたつともべったりつけた。とたんにウラカニヤナが飛びかかって耳ごとウサギを地面に引き倒した。

ウサギは捕まってしまい、必死で暴れたが逃げられない。なにしろウサギ肉はおいしいから、ウラカニヤナはさっさとしとめて火を起こすと焼きにかかった。食べ終えると、きれいにしたウサギの脚骨を片方とっておいて笛に仕立てた。その笛を吹きながらこんな歌を歌ったんだよ。


ウサギに会ったよ、最高にかわいいやつさ。でも、もう何にも感じないけどね――

脚骨を笛にされちゃったらね

そのうちに深い淵の川岸にぶつかり、淵から生えた木の枝にイグアナがくつろいでいた。

「どこのもんだい?」イグアナに聞かれた。

ウラカニヤナはあの笛を吹いて歌で答えたんだ。

人食い怪物のおふくろを騙したのさ
お互いをこんがり焼こうぜって
おれは火傷しなかったけど――
おふくろのほうはこんがりだ

その笛をおくれよとイグアナにねだられたが、ウラカニヤナは断った。

「じゃあそっちへ降りてって、力ずくで取ってやる」とイグアナが言い出す。すぐ近くに深い淵があるせいで強気だ。いざとなったらさっさと水に逃げこめばいい、だれもついてこられやしないと、たかをくくっているんだよ。

「やれるもんならここまでおいで、取れるもんなら取ってみな」ウラカニヤナが応じた。それで降りてきたイグアナは、家畜用のムチみたいに細くしなる、長い丈夫なしっぽを生やしていた。ウラカニヤナにはそのしっぽの使い道がわからない。

「その笛をよこせ、わざわざケンカするまでもない」イグアナに言われた。

「自分が二枚舌だからって、ケンカでおれに勝てるとでも?」ウラカニヤナが言い返す。するとイグアナはいきなり長いしっぽをふるった。ウラカニヤナは一発で足をすくわれ、倒れたはずみに落ちた笛が転がる。イグアナはそいつを拾って淵に飛びこみ、水底深く姿を消した。

そんなふうにして、ウラカニヤナはろくに身構えもしないうちに笛を取られてしまった。そのまま道をたどったが、今ので心が傷ついて音楽どころじゃない。あの笛はもう戻ってこないんだ。ふと立ち止まって耳をすますと、深い淵のどこか近いあたりでイグアナがあの笛を吹いている。イグアナが吹いているのは川っぷちへ牛たちを呼び寄せ、自分のしっぽで牛の後ろ脚をくくるための乳搾り歌だった。

絵／ニールズ・ブリッツ

ウラカニヤナは足を止めずにずっと歩き続けた。日がとっぷり暮れかけても、道案内をしてくれそうな人には全然行き当たらない。ようやく珍妙な怪物が木陰にいるのが見えた。そいつは妖怪だ、一本脚で一本腕しかないのだから。どちらも体の片側だけに生え、顔は半分しかなくて目はひとつ、半分だけの口に長い歯がある。体の反対側には草がぼうぼう生えていた。

ウラカニヤナは怖くなって逃げ出そうとした。だが、その怪物が焼きたてほかほかの大きなパンを片手で持って食べているのが見えた。くらっとするほど香ばしい匂いによだれが出そうだ。怪物はそのパンを大きく嚙みちぎった。

「何の用だ？　あっちへ行け、さもないと八つ裂きにしておまえも食ってやるぞ」怪物が金切り声を上げた。そうやって何か言うたびに風音を立てて草むらをざわつかせる。

「今すぐ離れますよ。なんでおれを食うんです？　あんたには何も悪いことしてないのに」

ウラカニヤナはそう答えて歩いていく。やや先の茂みにたどりつくと、その陰にひそんで怪物を見張った。怪物は食べるのをやめ、片側を下にしてごろ寝すると、見るからに眠そうだ。

ウラカニヤナはしばらく待ち、やがてシュッシュッと這ってこっそり引き返す。怪物はぐっすり寝ており、いびきで頭の脇の草むらが前後にそよいでいた。

ウラカニヤナは怪物のすぐそばに、ふくれたかばんを見つけた。「この中にはきっとパンがもう一個あるぞ」そう考えて忍び寄っていくと両膝をついた。

音を立てずにかばんを開けて手を入れ、さっき怪物が食べたのより大きなパンを出した。ちょうどその時、そばの木でアフリカカササギが騒ぎ始めた。「だれを殺してやろうか？　だれを殺してやろうか？　だれを殺してやろうか？　泥棒どもがあんたの赤い牡牛を盗んでいくよ！」

それで怪物の目が覚め、パンを抱えて逃げるウラカニヤナに気づいた。すぐさま片脚で飛び起きて追っかけてくる。

「止まれ、髪を焦がしてやるぞ！　火の上で焼いてやるぞ！」とどなり、長い片脚でぴょんぴょん跳んでウラカニヤナに追いすがる。一本脚なのに、その速いこと速いこと！　脚のない側の草むらがうなりを上げるほどだよ。

ウラカニヤナは必死で足を動かして、転がるように走った。両足のかかとで尻を蹴りそうな勢いだ。

怪物がウラカニヤナに追いついてきた。片手を伸ばしてつかもうとする。どんどんどん、と片足が音を立てて飛び跳ねた。とたんに、ある林の木陰にぱっくり開いたヘビ穴がウラカニヤナの目についた。パンを抱えてその穴に飛びこみ、これ以上は進めなくなるまで這い進んで、そこでつっかえてしまった。

怪物の脚は長かったが、片方だけの腕も同じぐらい長かった。その片腕を穴の奥へ奥へと伸ばし、手探りでとうとうウラカニヤナの足首をとらえた。

「はっはっは！　引っぱりだせよ、みっともない化物め。木の根なんかつかみやがって！」ウラカニヤナが大声でどなる。

怪物はその声を聞きつけた。木の根を引くなど力のむだ遣いだ。それでウラカニヤナの足を離すとヘビ穴を手探りした。やがて頑丈な木の根っこを探り当てる。

「うわ！　うえ！　やめてくれ！」ウラカニヤナが騒ぐ。「離してくれよう！　殺す気か、この人食いめ！」

怪物のほうでは手を離さず、引きに引いた。ありったけの力で木の根をあちこち揺さぶる。半分しかない顔のあごから汗がしたたるほどだ。

「うわあ、お父さん！　まっぷたつに裂かれちゃうよう！」ウラカニヤナが大声を上げる。

「お助け——パンなら返すから！」

怪物は長いこと木の根を引っぱってへとへとになり、これ以上は握っていられなくなった。そのへんであきらめて穴から離れていく。

ウラカニヤナはあとからヘビ穴を出ると、手近な岩に腰かけてお腹いっぱいパンを食べた。食べ終わると杖を拾ってそのまま旅を続けたんだよ。

サンクハンビの言葉は蜜のよう

サンクハンビはヴェンダ人の民話の多くで主要な役回りをつとめます——すぐ前の話のウラカニヤナのようなものです。カメのような小男の時も、たくましい大男の時もあります。みんながサンクハンビに用心します。だって、いつも行く先々でもめるんですから。児童書の専門家リンダ・ロードによる再話です。

大昔の猿は、今ほど細くて軽快に動けたわけじゃない。毛むくじゃらで太鼓腹の小動物でね、動きものろかった。サンクハンビは猿の後ろから忍び寄って、長いしっぽを引っぱるのが楽しみだった。すると猿たちはひどく怒り、仰向けに寝そべって日向ぼっこ中のサンクハンビに、高いところから種や枝のかけらを浴びせかけるんだ。

ある日、サンクハンビはこの猿どもを何とかしようと思いついた。

「ねえ君たち」猫なで声で意地悪そうな目を輝かせ、「すごい秘密を教えてあげたいんだ」

「信用しちゃだめだぞ、どうせまた悪だくみだよ」長老猿が注意したが、サンクハンビは今回限りだ、とにかく本当に特別な秘密だから話を聞いてくれと猿どもに頼みこんだ。

猿はもともと好奇心の強い動物だからね、木の幹をゆっくり伝ってじりじり近づいた。

「君たちにお得な情報をあげたいんだよ」サンクハンビは蜜のように甘い声で言った。

「あっちの山の頂に大きな湖があって、すぐ横に洞窟がある。その洞窟の奥深くに金色の蜂の巣があってね、ありかを知ってるのはおれだけさ。ついてこいよ、道を教えてあげるから」

猿たちは待ちうける金色のお楽しみで頭がいっぱいになり、いそいそと列になってついていった。

やがて岩棚沿いにサンクハンビに案内された一行は、屋根の突き出た洞窟の口にたどりついた。「さあ、入ってくれ」気前よく勧める。

ところが猿たちが入ったとたんにサンクハンビは足を踏み鳴らし、洞窟内に鈍い音を響かせた。

「うわあっ、くわばらくわばら。マルラの種にビールのヒョウタン！」恐れおののくふりで絶叫する。「みんな、屋根が崩れかかってる。腕をうんと上に伸ばして支えてくれ。おれは支柱を取ってくる。そこにじっと立ってな、これっぽっちも動いちゃだめだぞ。しっかり持ちこたえてくれよ！」

猿たちは言われた通りにした。屋根が落ちるのを防ぐために頭上に手を伸ばし、じっとして。ずっと、ずっと立ったままで。さもないと洞窟の屋根が頭に落ちてきそうで、動く

絵／ヴェロニーク・タジョー

に動けなかった。

ああもうサンクハンビときたら、さっさと支柱を取ってきてくれればいいのに。でも、当然ながらそのころのサンクハンビはさっさと湖へ向かっていた。「まったく猿どもめ、どいつもこいつもちょろいぜ！」と勝ち誇って日だまりに丸くなり、だれにも邪魔されずに午後の昼寝を決めこんだ。

そうして暑い昼ひなかからひんやりした夜になり、大きな湖に星が白く浮かんでも、猿たちは石柱のように洞窟の屋根を力いっぱい支えていたんだ。

東の空が白むころに猿の長老はふと気づき、指を一本ずつ、やがてそろりと手全体を離した。それから、すぐ横で汗だくになった身内どもの顔を見て悟ったんだ。そろいもそろってサンクハンビにまんまとかつがれた！

猿たちはがちがちにこわばった腕を一匹ずつ順におろした。見おろせば、ポッコリお腹がすっかり変わっていた。洞窟の屋根を支えて体をうんと伸ばし、さんざん苦労して汗をかいたせいですらりとした体つきに変わってしまったんだね。

今でも猿があんなにすばやく木々の間を抜けられるのは、そんなことがあったせいなんだよ。

英訳　マーガレット・アウエルバッハ

ムムルタとフィリ

ボツワナ発のウサギとハイエナのお話を、エレン・モロケラが民俗学者フィリス・セイヴォリーに語ってくれました。

もの言う動物たちのいた大昔のことだ。カラハリの大砂漠にハイエナのフィリとウサギのムムルタというふたりの薬まじない師が住んでいた。

表向きは仲良くしていたが、内心では商売敵同士で大いに張り合い、長く激しい言い合いもしょっちゅうで、どうにかして自分のほうが技も知恵も上だと認めさせようとした。

「年上はおれなんだぞ、だからおまえより頭がよくて当然なんだよ」と、口げんかの最中にハイエナがどなりつけた。

「そうじゃないだろ」ウサギが反論する。「大事なのは技と忍耐力だ。例えば、いちばん長時間の火除け薬で、効果が上なのはどっちが作ったやつだ？」

「愚問だな」ハイエナは答えた。「もっとも恐れられる四大元素の危険を冬の枯れ草が招く時季になれば、野生動物はこぞってうちの特効薬を分けてもらいに来るだろ？」

「まあ、めいめいのお手並み拝見といこうじゃないか」ウサギはぬかりなく締めくくった。

「穴を掘って、めいめいの隠れ場所を底に作ろう。それから底で火を焚いて、隠れ場所で順にひと晩過ごすんだ。そうやって火除け薬の効果のほどを試そうじゃないか。夜通し無傷で過ごせたほうが実力者に決まってる」

「名案だ！」ハイエナが賛成した。

そこでさっそく深い穴を掘り、炎の熱に耐えるために、自分の習性に合った隠れ場所を設けた。

ハイエナは慣れ親しんだ浅い洞窟を掘り、ウサギはウサギ穴を掘りにかかって、たくさんのトンネルを持つ巣穴を作った。

そうして自分の掘った穴にそれぞれ満足すると、大きな薪を集めてきて穴の底に持ちこみ、焚き火のしたくをした。

そこでウサギが、「さっきから言う通り、フィリ、年長者はあんただ。だから年下のおれが先で当然だろ」と言う。

ハイエナは火を起こしてから穴の縁に飛びあがって逃げ、そこで見守ることにした。

さて、ウサギ穴の入り口は低く、ムムルタは煙に隠れるとさっそく熱や煙の届かない奥へ姿を消した。

しばらくして、あわてて穴の口に出てくると、「フィリ、火がついちゃった！」と大あわてするふりで呼びかけた。

ハイエナは「逆立ちしてみな」と答えた。

「フィリ、まだ燃えてるよう！」ウサギはまた穴の口へ駆けつけて叫び返した。

ハイエナは「じゃあ、座ってみな」と助言した。

「フィリ、まだ燃えてる！」ウサギは痛そうに叫んだ。

「だったら立ってみなよ」とハイエナが言ってやる。

「フィリ、立ってんのは座るより痛いよ、まだ熱い！」ハイエナの提案に、ムムルタは前足を口にあてて笑いをこらえながらうめき声をあげた。

「だったら横向きに寝てみな」ハイエナは言い切り、あとはしばらく静かになった。火が消えると穴の中をのぞきこんだ。ウサギの姿はない。ハイエナは含み笑いをしながら思った。ムムルタめ、焼け死んだな。そうして商売敵がいなくなったと喜びながら引きあげた。

あくる朝になって穴の灰を始末に行くと、驚いたことにムムルタが穴の口に座って笑っているではないか。

「この火除け薬は最高によく効いたよ」ウサギはにやりとした。「さ、フィリ、今度はあんたの番だ」

ハイエナを入らせて穴の底に薪を並べておき、また大きな焚き火をする。ウサギが納得いくまで薪を並べているそばで、ハイエナは自分の火除け薬を試しに浅い洞穴に入った。フィリが穴でくつろぐのを待ちかねてウサギは火を放ち、穴の縁に逃げて様子をうかがった。

やがてハイエナが「ムムルタ、火がついちまった！」と叫んだ。

ウサギは「逆立ちしてみな」と言ってやった。

「ムムルタ、まだ燃えてる！」ハイエナがすごく嫌そうな声をあげる。

「じゃあ、座ってみな」ウサギが助言した。

「ムムルタ、まだ燃えてるよ！」ハイエナが悲鳴をあげた。

「だったら立ってみなよ」ウサギが含み笑いする。

「ムムルタ、立ってんのは座るより痛いんだ！」ハイエナはうめいた。

「そうかあ。じゃあ、おれがしたみたいに——横向きに寝てみたら」とウサギは答え、商売敵の苦しむ声に前足を叩いて喜んだ。あとは絶叫に続いて静かになり、ムムルタはうまくいったぞと喜んで帰っていった。

絵／ジョナサン・カマフォード

翌朝にまた来てみると、ハイエナは自分が掘った浅い洞窟で黒こげになって死んでいた。

ムムルタは喜んでフィリの耳を切り落として笛にした。あとは上下にはね回って作りたてのおもちゃで陽気な曲を吹き、動物たちみんなを引き寄せた。

これだけ集めればじゅうぶんだろうと思ったウサギはあらためて向き直り、自慢たらたらにこう歌った。

おれはムムルタ、この世でいちばんの薬まじない師
商売敵のフィリなんか、赤子の手をひねるようなもんさ
あいつの耳の穴で鳴らす曲でも聞いてやってくれ！

そんなふうに浮かれて飛び跳ねながらハイエナに勝った勝ったと自慢していると、はるか上の雲から、稲妻を使うまっ黒な鳥トラディが太陽のように輝きながら降りてきた。

「なかなかいい調子の曲だね、ムムルタ」と言う。「その笛を貸してくれよ、おれにもそんな陽気な音を鳴らせるようにさ」

「なんだって！　笛を貸せだと？」ウサギは笑い飛ばした。「やだね！　絶対、雲の上へ持ち逃げするじゃないか。そしたら追いかけるなんてできっこないだろ？」

それでもトラディはしつこくねだり、その素敵なおもちゃを吹く間は、持ち主のウサギのそばを絶対離れないからと最高にもっともらしく約束した。

「まあ、いいか」ムムルタは考えた末にしぶしぶ賛成し、トラディに笛を渡した。

すると稲妻鳥は約束を破って高く舞い上がり、笛を鳴らしながら行ってしまった。持ち主に返す気なんか、これっぽっちもないらしい。

さっきの自慢を聞いていたおおぜいの動物から思わず笑いが起きて、ムムルタの腹立ちをよけいにあおった。それでも笛を取り返す手だてを思いつかずにしばらくしょんぼりしていたが、やがてクモのセクゴゴに相談を持ちかけてみた。

するとセクゴゴから、「あんたをすっぽり包むように袋を織って、トラディのところまで引っぱりあげてやるよ」と言われた。

そう言うと、セクゴゴはすかさず強い細糸でムムルタを囲いにかかり、絹のような袋を編み上げてきっちり封じこんだ。それから風に乗って大空へ舞い上がり、糸を紡ぎながら昇っていく。そうやって雲の上によじのぼると袋ごとムムルタを引き寄せた。

トラディが天から見おろせば、ムムルタが自分のほうへ飛んできてクモといっしょに雲に乗ったもんだから、ますますびっくりだ。

「ええっ⁉」すっかり恐れ入って声を上げたね。「ムムルタはおれみたいに飛ぶ技を身につけたのかい？　あいつのほうがはるかに知恵が回るんだ、笛は返さなきゃ！」というわけで、ウサギはすんなり笛を取り戻し、あとはクモにゆるゆると地上まで降ろしてもらった。

ウサギには都合のいいことに、クモの糸はトラディにも下界の動物たちにも見えない。だから動物たちもやっぱりムムルタが空を飛んだと勘違いして、魔法のすごさにびっくりした。

「ご覧の通りだよ、君たち」さっきまで笑っていた仲間たちにムムルタは一礼してみせ、「稲妻の魔鳥トラディさえ敵じゃないんだぞ。技比べでおれに張り合えるやつなど、いるものか！」

ムムルタは力を貸してくれたセクゴゴの厚意を深く恩に着た。それからというもの、ウサギとクモははるかな時を超えて、末長くいい関係をずっと続けたんだよ。

ライオンとウサギとハイエナ

ケニア発のこのお話はグイド・マリコがフィリス・セイヴォリーに語ってくれたもので、ウサギとハイエナがお約束の知恵比べでだまし合いをします。

ウサギの手厚い看護でライオンのシンバは次第に力を取り戻し、ついには二匹で小さな獲物を捕まえて食べられるまでに回復した。やがてライオンの巣穴のすぐ外に、かなりの骨が山積みになった。

ある日、ハイエナのニャンガウが食べ物をあさってその辺をかぎまわっていると、骨髄のいい匂いに気づいた。だけど巣穴の中から丸見えの場所では、おちおち骨を盗めない。他の動物と同じ小心者なので、このおいしい骨を手に入れるにはシンバと仲良くなるしかないと考えた。そこで穴の口にこっそり忍び寄って咳払いした。

「どこのどいつだ、こんな時間にひどい咳をするやつは？」ライオンは出ていって、音の出どころを調べようとした。

「おれだよ、友だちのニャンガウだ」ハイエナはなけなしの度胸まで吹っ飛びそうになって、つっかえながら言った。「あんたの姿が見えなくて、みんながどれほど寂しいか、どれほど首を長くして全快を待っているかって伝えにきたんだ！」

「そうか、出てけ」とライオンはうなった。「友だちなら、おれがまた役に立つまで待つんじゃなくて、もっと前から具合を尋ねにくるはずだろう。さっさと出てけったら！」

ハイエナはこそこそ出ていった。ぼさぼさしっぽのシンバというライオンは、以前はひとりぼっちで巣穴暮らしをしていた。若いころはひとりぼっちも気にならなかったが、この物語が始まる少し前に、足にひどいけがをして自力で食べていけなくなった。おかげで、仲間を持つといいこともあるというのがわかってきたんだね。

その日にウサギのソングルが巣穴の前を通らなければ、シンバは飢え死にしていただろう。ソングルは巣穴の中を見てライオンが腹ぺこなのに気づき、すぐさま看病してやって不自由のないように気を配った。この時はライオンの脚の間で、ハイエナをさも小バカにしたようにくつくつ笑っていた。それでもライオンの巣穴のすぐ外にある骨の山は、ハイエナには実に捨てがたい。

「出直してくるか」と、面の皮の厚いハイエナは決心した。数日後、ウサギが夕食のしたくで水汲みに出たすきにライオンの巣穴に行った。するとライオンは穴の口でうたた寝

絵／タムシン・ヒンリックセン

をしていた。

ニャンガウはしどろもどろに言ってやった。「な、なあ、あんた。その足の傷だけど、自称お友だちのソングルが卑怯な小細工をしたせいで、あんまり治りがよくなさそうだぞ」

「何が言いたい？」ライオンは敵意まんまんでうなった。「おれが飢え死にしなかったのはソングルのおかげだぞ。おまえらの仲間は寄りつきもしなかったがな！」

「だ、だけど、本当のことだよ」と、ハイエナは打ち明けた。「ソングルがわざと間違った手当てで回復を邪魔しているのは、この辺じゃみんな知ってるよ。だって、あんたが元気になったら世話できなくなるじゃないか。忠告しておくが、ソングルはあんたのためにならないぞ」

ちょうどその時、ウサギが川からヒョウタンになみなみと水を汲んで戻ってきた。「さてと」ヒョウタンを置くとハイエナに向かって、「先日はなりふりかまわずしっぽを巻いてぶざまに退散しておいて、また来るなんて意外だな。なあ、今度は何が目当てだ？」

シンバがウサギに向いた。「おまえのことをいろいろ言ってたぞ。ニャンガウによれば、おまえは医者の腕前とずる賢さでこの辺では有名だそうだ。さらに薬の調合には定評があって、かなうやつはいない。その気になれば、おれの足の傷なんかもっと早く治せなきゃおかしいって言うんだ。そうなのか？」

ソングルはしばらく考えた。くれぐれも慎重に立ち回らなくては。ニャンガウが自分をはめようとしている疑いはかなり濃厚だぞ。

「まあね」ためらいがちに答える。「おれはなにしろ小さいからさ。薬に必要な材料が大きすぎて手に入らないってのは、時たまあるよ」

「というと？」ライオンはすぐさま興味津々で腰を浮かせた。

「こういうことさ」ウサギは答えた。「完治には、育ちきったハイエナの背中の皮が要るんだ」

これを聞いたライオンは、驚いたニャンガウが逃げる間もなく飛びかかり、頭からしっぽまで背中の皮をそっくり引っぺがして足の傷口に当てた。すると、引っぺがされたハイエナの背中に残った毛が伸びてまっすぐ立った。だからいまだにニャンガウと仲間の不格好な体の上には、長いぼさぼさの毛が立ってるってわけだ。

以後のソングルは名医として知れ渡り、シンバの足も完治した。ただしハイエナがまた他の者の前に出るだけの度胸を取り戻すまでには何週間もかかってしまった。

マディペツァーネ

アフリカでも世界でも、古い昔話には親の言いつけを聞かない子をとりわけ戒める内容が含まれていますね。このレソトのお話もそうした教訓もので、民俗学者ミニー・ポストマの再話でお届けします。

大人の言うことを聞かない子に、古老たちはマディペツァーネの話をして聞かせる。

ある日のこと、マディペツァーネは母親に呼ばれたんだ。「おーい。マディペツァーネやーい！」ってね。

「はーい、母さん、今行くね！」娘が返事する。

やってきた娘に、母親は言いつけた。「いいかい、いい子ちゃん。その手かごをさげて、草原から根菜を採っておいで、それに野生ほうれん草の葉っぱもね、煮物にするから」

マディペツァーネは手かごをさげて草原に出ていった。かなり遠出して根菜の穴場を見つけてね。掘り出した根を草束できれいに拭いて手かごに入れた。

そこへ人食い妖怪「レディモ」がやってきた。娘をじっと眺め、娘のほうでも見る。ずいぶん醜い化物だ。木と同じくらい大きく、闇夜より黒い。歯はイノシシの牙ほど太いんだよ。

「おーい、マディペツァーネ！　何掘ってんだよ？」そのどなり声ときたら、草原のけたたましいカッコウが石のすきまに卵を産みつけにきたみたいだ。だけどマディペツァーネは怖がらず、返事もしない。だからまた、「おーい、マディペツァーネ！　何掘ってんだよ？」と呼ばれた。

今度は、草原を吹き渡る風のような声で答えた。「あたしはね、妖怪の地所で根菜を掘ってんの。それから妖怪が山盛りクソしたそばで育ったほうれん草の葉っぱを摘んでんの」

妖怪は大またに近づいてくると、娘を捕まえて食べようとした。人食いだからね。そこを野ネズミみたいにちょろちょろっと逃げ出し…野ネズミみたいに穴にもぐって逃れた。図体のでかい人食いには、穴が小さすぎて入れない。

妖怪は大声で「ちょっと待ってろ」と言う。「おれは頭がいいからな、おまえを捕まえる方法を見つけてやる」そして唇をピチャピチャ言わせたり、カエルが深い水に飛びこむみたいな音で派手に唾をのんでみせる。

それでもマディペツァーネは笑い飛ばし、妖怪をからかってみっともないやつ呼ばわりした。挑発してこんなふうに歌うのだ。「やーい、みっともない、やーいやーい、みっともない、やーいやーい、みっともないったらありゃしない！」

その声に妖怪の耳は痛くてじんじんした。まるで耳の中をノミに刺されたようだ。

「やーいやーいやーい！」

妖怪はその声が届かなくなる場所まで歩いて戻った。

とたんに利かん気の娘は野ネズミそっくりに穴から顔を出し、妖怪が去ったのを見届けてそうっと抜け出すと、草むらや低木の間をちょろちょろ抜けて自分の家へ帰りついた。

「根菜を採ってきたわよ、母さん」

「どこで採ってきたの？」

「ああ母さん、ずいぶん遠くよ。妖怪の畑まで」

「んもう、おまえったら！　どうして言うことを聞かないの？　小さいころに豚に耳を食いちぎられたんでしょ？　あそこには近づかないようにって言ったのに」

「へーんだ！」いたずらっ子が答える。「怖くなんかないもん！」

「怖くないわけないでしょ！　どんな族長より大きくて、どんな牛より強くて、キラキラした深い水場にとぐろを巻く大きなミズヘビより危ないんだよ」

「ちゃんと見てよ、このマディペツァーネを。とても小柄で弱いけど、あたしはあいつより賢いんだからね」と口答えする。「あたしはジャッカルやセグロジャッカルなみに賢いんだ、あんなやつに捕まるもんか」

「何考えてるの、聞き分けのない子だねえ！」母親が叫ぶ。

「母さん、ジャッカルがどうするかはわかってる。ジャッカルが前足で掘った穴にあたしは隠れられるけど、強くて危険で図体がでっかい妖怪には入れないよ。だから、からかってやったの。「サイ・クゴクゴ、サイ・クゴクゴクゴクゴ。サイ・クゴクゴクゴクゴクゴクゴ。サイ！　サイ！」ってね」

「そしたらどうなったの、娘や」

「そしたらかんかんになってたよ。牡牛みたいにひづめをどすどす鳴らしてさ…おかげでダン！　ダン！　って足音以外に何にも聞こえなくなっちゃった」

母はあらためて娘に注意したが、マディペツァーネは気にしない。翌朝、母親が土鍋をさげて泉の水を汲みに出たすきに、手かごをさげて妖怪の畑に根菜を採りに出かけ、糞の山のそばに生えた野生のほうれん草の若葉を摘んだ。

そこで膝をついて掘る姿を妖怪に見つかった。

「おーい、そこか！　なんでこんな朝っぱらから掘ってるんだ、マディペツァーネ？」

「だって妖怪の地所に生えた根菜を掘り、妖怪の畑の野生ほうれん草を採ってるんだもん！」

妖怪は襲いかかって捕まえようとしたが、娘は野ネズミのようにすばしこく草地ややぶをまたいであのジャッカル穴をめざした。妖怪は激怒し、娘の臭いでますます人間の肉が食べたくなった。その穴から聞こえてくる娘の声が、矢のように突き刺さる。

だけど妖怪は賢かった。ジャッカルよりも狡猾なのに、マディペツァーネは気づかない。妖怪は激怒していても何も言わない。穴の外で座って待ってる。まるで老婆が食べ物を運ぶ子どもを待ってるみたいに。まるで穴からネズミが出るのを待ちかまえた猫みたいに。だけど、ずるさではマディペツァーネのほうが上で、ネズミなみに小知恵が回る。こっちもやっぱり座って静かに相手の出方を待ってる。そーっと、そーっと。

そこで妖怪はおびき出す作戦を考えた。

「マディペツァーネ、今すぐ出ておいで。日は高いよ。お母さんはもう大岩の上に立ってあんたを探してる。根菜と野生ほうれん草を待ってるんだよ、お腹がすいてるから！」

「サイ、サイ、サイ、サイーークゴクゴクゴクゴ！」からかわれた妖怪は激怒し、風倒木みたいに倒れこんでわれとわが身を地面に叩きつけ、ドーン！　と派手な音を立てた。妖怪が死んでないのはわかっているから、娘は穴の中でネズミのように静かにしている。

絵／リン・ギルバート

お腹がすいたら母のために集めた根菜を食べるが、隠れ場所からは動かない。

さて、妖怪は別の策を思いついた。母の声まねだ。高い声で「おーい、マディペツァーネ、いい子ちゃん。どこにいるの？　梢にかかる太陽が西に沈んでいくよ」

だけどマディペツァーネはそこまで間抜けじゃない。「サイ、サイ、サイ、クゴクゴクゴクゴ。サイ、サイ、サイ、サイ、クゴクゴクゴクゴクゴ。あらまあ、あんた母さんなの？　ヒヒみたいにみっともなくて、イノシシみたいな歯と、ビール壺みたいな太鼓腹のあんたが？　お話にならないわ！」

妖怪は静かに聞いていた。そして、考えて、考えて、考え抜いた。そうだ——声をもっと柔らかくしよう。

またも娘を呼んだ。「マディペツァーネ！　いい子ちゃん、どこなの？　もう遅いわ、日がみるみる沈んでいく。もう木々の梢に隠れてしまったよう」

「サイ、サイ、サイ、クゴクゴ！」と、娘がからかう。「あらまあ、母さんなの？　その声、山の岩肌みたいにざらざらよ。母さんの声はすべすべよ、水辺を流れる細かい砂みたいに！　サイ、サイ、サイ、サイ、クゴクゴ」

と、穴の中から笑っている。

今度の妖怪は、うんと静かに、静かに声をかけた。「マー・ディペツァー・ネー、帰っておいで。根菜とほうれん草の葉っぱを待ってるんだよ。太陽は西の山の頂にかかったよ！」

それでも声はまだまだ強くて荒々しい。母親の声とは似ても似つかない。穴の奥からマディペツァーネに「もう寝なさいよ、妖怪」などと言われる。「言ったでしょ、母さんの声は細かい砂粒みたいで、よちよち歩きの子が初めて踏んでも痛くないの」

そして赤い太陽が西の山向こうに沈むと、妖怪が帰る気配がした。娘はネズミのように静かに穴を抜け出し、あとは家まで走って帰った。

その夜、妖怪はいいことを思いついた。まっくらな草むらをウサギのようにひた走り、マディペツァーネがいつも隠れる穴へ――強くて危険で図体の大きな妖怪から逃げる先だね。大きな手でその穴に石を詰めこみ、いちばん上にマディペツァーネの頭が入るだけのすきまを残しておいた。そうしておいて寝に行った。

言うことを聞かない子どもは翌朝早く、またしても妖怪の畑で根菜を掘っていた。妖怪のほうでもその子を捕まえようと早めに出かけて大声をあげた。「おーい、そこ！　何を掘ってんだ？」

「妖怪の地所の根菜を掘ってんのよ」

妖怪がかっかと襲いかかる。娘は穴に隠れようと野ネズミなみのすばしこさで逃げ出したが、穴が石でほとんど埋まっているとは知るよしもない。

子ネズミのようにすべりこんで助かろうにも頭しか入らず、体全体がはみ出してしまう。

「ハハハハハ！」妖怪は笑い、山から転がり落ちる石のように恐ろしい音を響かせた。

「ハハハハハ！」と笑いながら、子どもが水しぶきを上げて池に飛びこむみたいな音で唇を鳴らす。そして、強くて危険で図体の大きな妖怪は、母親の注意に耳を貸さない子どもをがっちり捕まえた。

袋に入れられたマディペツァーネは泣いた。「ひいいいひいひい、もう二度としません、老いて足が折れるまで、歯が枯れ葉のように全部抜けるまで、目が白人のように青くなるまで、ここには根菜を掘りに来ないから。ひいいい…お願い、放して！」

だけど妖怪は耳を貸さない。泣き声さえも耳に入れない。「サイ、サイ、サイ、クゴクゴクゴクゴ！」とからかわれたことだけをひたすら根に持ってるんだ。

袋の口を結んで肩にかけ、自分の家へ歩いて戻ってから娘を食べるつもりだよ。

これで、言うことを聞かない子どもが報いを受けた話はおしまい。

英訳　レイラ・ラティマー

川のカミヨ

トランスケイのこのお話は、ヒュー・トレイシーが集めて再話しました。他のいろんな言語集団の民話にも、生命を持たない彫刻などに命を吹きこみ、あべこべに取り去るという、同じテーマがさまざまな形で見受けられます。

昔、あるところに牛や羊やヤギをたくさん飼う男がいた。でも、ひとつだけ足りない。嫁さんが見つからなかったんだ。

ある日のこと、男は谷間の川っぷちを歩きながら思った。「いいかげんに早く嫁を見つけないと、このまま年を取ってしまう。どうしたらいい？」

やがて川のほとりに腰をおろすと、対岸で青々と葉をつけた大きな木が目に入った。「そうだ！」と言った。「あの木で若い娘の彫像を作ろう」

そしてその通りに実行した。手斧と斧を取ってその木を美女の彫像に仕立てたんだ。すばらしい美人で、鼻から息吹を吹きこんで目に触れると、すぐさま呼吸を始めた。

「やあ、ついに嫁さんができたぞ！」

それから彼女に言い含めた。「どこで生まれたかは、だれにも言ってはいかん。もしもだれかに聞かれたら、「名前はカミヨ——川のカミヨです」と言いなさい」

女を自宅に連れ帰った。それからカミヨに人妻のしるしの頭飾りやエプロン、美しい衣服やビーズ飾りを——ほしがるままに何でも与えた。そうして、ともに男の家でとても仲良く暮らしたんだ。

するとある日、若い男たちが通りすがりにカミヨを見て、「あんな年寄りがどうやってこんな若い美人妻をせしめたんだ。不公平だろ。この女をさらって、うちの村に連れていこうぜ」と言いだした。

そうしてよってたかって彼女を捕まえ、丘の向こうにある自分たちの村に連れて行ってしまった。

夫は、強い若者どもに妻を奪い去られて悲しみに暮れ、どうしようと考えた。

そこであることを思いついた。飼っていた二羽の鳩を呼んでこう言いつけたんだ。「鳩よ、わしの使いで妻をさらった丘向こうの村まで飛んで行って、これから教える歌を妻に歌ってきかせてから妻のエプロンを持ち帰ってくれ」

そこで二羽の鳩は歌を覚えて丘向こうへ飛んでいき、新妻が若者たちに閉じこめられて

絵／ディーク・グロブラー

いる家の庭塀にとまってこう歌った。

カミヨ、カミヨ
だんなさまの使いで来たよ
カミヨ、カミヨ
ここに行けと言われて
カミヨ、カミヨ
あんたのエプロン、エプロンを持って帰れと

若者たちがその歌を聞いて言うには、「いいじゃないか！　そのエプロンを渡してやれよ。エプロンならもっとたくさんあるんだから。おまえは身ひとつでいてくれればいい」そう言ってエプロンを脱がせ、鳩に持たせて夫のところへ持ち帰らせた。
夫は翌日こう言った。「今日は頭飾りをもらいに行ってくれ」
鳩たちは丘を越えて飛び、また塀の上で歌った。

カミヨ、カミヨ

だんなさまの使いで来たよ
カミヨ、カミヨ
ここに行けと言われて
カミヨ、カミヨ
あんたの頭飾り、頭飾りを持って帰れと

若者たちは言った、「頭飾りを渡してやれ。おまえは身ひとつでいいんだよ」

そこで鳩たちに頭飾りを渡し、また持って帰らせた。

そんなふうに丘の向こうへ鳩たちを毎日行かせては違うものを要求させ、持ちものをすっかり取り戻した。しまいに夫は言った。「さあ鳩たちよ、行ってあの女の命を返してもらってこい」

そこで鳩たちはまたお使いに飛んだ。今度は小屋の外に座っていたカミヨの膝にとまってこう歌ったんだ。

カミヨ、カミヨ
だんなさまの使いで来たよ

カミヨ、カミヨ
ここに行けと言われて
カミヨ、カミヨ
あんたの命、あんたの命を持って帰れと

そう歌いながら二羽で彼女の目をつつくと、たちまちカミヨは彫像に戻った。

まず足が落ち、次に脚が、それから腕が、さらに頭が落ち、最後に胴体がゆっくり転がって坂道を下っていくと川へ落ちた。

そして水に触れたとたんに木に戻り、また緑の葉を出した。今でもカミヨはその姿でそこに立っているよ。

クモとカラスとワニ

クモはアフリカ民話で大活躍します。ずばぬけたとんちもよくあり——このナイジェリアのお話がいい例です。アシャンティ人の物語群では、クワク・アナンシの名で親しまれています。

その昔、ある土地に大ききんがあって、だれもかれも食べるものがなかった。カラスは毎日遠くまで飛んでいって、広い川の真ん中に立つ木からイチジクを採った。そして、その実を持ち帰って食べてたんだ。

クモはその話を聞きつけて、とっさにうまい案がひらめいた。お尻に蜜蝋を塗って陶器のかけらを持ち、火種を借りたいという口実でカラスを訪ねたのだ。

行ってみればカラスたちはわき目もふらずに食べている最中で、周囲の地面にイチジクが所狭しと置いてある。

「おはようございます、皆さん」クモは言って、美味しそうなイチジクの上に慎重に腰をおろした。「火種の石炭をくださいな」

クモは石炭をもらってお礼を言うと、イチジクをしっかりお尻にくっつけて立ち去った。小ずるい泥棒は行儀いいふりをしながら後ろ向きに歩いて出ていったので、カラスたちは何も疑わなかった。

クモは帰宅して燃える石炭を消すと、すぐまたカラスたちを訪ねてもっと火種がほしいとねだった。今度はいちばん大きく熟したイチジクを選び、しばらくして図々しくも戦利品を持って立ち去った。

三度目も同じ手口を使おうとしたが、今度はカラスたちに不審がられ始めた。「どうして何度も火種をもらいに来るんだ？」と訊かれる。

「家に帰るまでに燃え尽きてしまうんです。毎回そうなんですよ」とクモは答えた。

「嘘つけ！」と長老カラスに言われた。「また戻る口実にしただけだろう。目当てはうちの食い物なんじゃないのか、このずる助め！」。

クモはしくしくと泣き出した。「そんな！　それは嘘です！　石炭が勝手に燃え尽きたんだ。親が死んでからは暮らしが苦しくて。両親がいたころは「何かあったら友だちのカラスさんに頼めばいいよ」とか言ってたのに。ああ、そう言ってましたよ。なのに、こんな仕打ちをされるなんて」とむせび泣いた。

「ああもう、泣くなよ！」長老カラスがイチジクを拾って渡した。「これを持って帰りなさい。明日の夜明けにまた来てくれたら、イチジクの木に連れて行ってあげよう」

「ご親切にありがとう、やっぱり友だちだね」クモは足が続く限り、大急ぎで走って帰った。

その夜、カラスがうとうとしていると、クモは藁束を持っていって巣の近くで大きな火を起こした。

「朝だ！　朝だ！」炎が空高く上がると、クモは「朝だ！　朝だ！」と叫んだ。「太陽が東の空をどんなに赤く染めたか見てごらんよ」

だが長老カラスに「そうじゃないだろう、クモ君。火を起こしたのはおまえさんだ。一番鶏の鳴き声がするまで待ちな」と言われてしまった。

そこでクモは鶏小屋に忍びこみ、雌鶏がぎゃあぎゃあ騒いで大きな雄鶏が雄たけびをあげるまで鶏を起こした。

「起きろ！　朝だぞ！」と呼びかける。

「いたずら者め！　クモのやつ、鶏どもを騒がせおって！」長老カラスが答えた。「さあ、夜明けの祈りの声がするまで、もうしばらく寝かせてくれ」

「アッラーは偉大なり！　アッラーは偉大なり！」茂みの陰からクモが声を張った。

だが長老カラスに「だめだめ、声でわかる。おまえだろ、クモ君。いったん帰って待ちなさい。夜が明けたら呼んであげるから」

クモはただ待つしかなかったので、家に帰って寝直した。

やがて明るくなってくると、カラスたちに起こされてめいめいの羽を分けてもらった。

クモはその羽を借りて、カラスたちと大河の真ん中にあるイチジクの木まで飛んでいった。だが、カラスがイチジクを採ろうとするたびに金切り声をあげた。「だめだめ！　そいつはおれが先に見つけた！　だからおれんだ！」

そして、イチジクを取っては自分の袋に入れるのだ。

木に実がなくなるまでこの調子だった。クモにイチジクを全部取られてカラスはひとつも取れない。

「まったく、どうしようもないいたずら者じゃな！」長老カラスに言われた。怒ったカラスたちはさっき貸してやった羽を奪い返すと、クモを置き去りにして飛んでいってしまった。

クモはひとりぼっちでイチジクの木にとまり、どこを向いても水だらけだ。生まれて初めてどうしていいかわからなくなった。

その後にとっぷり日が暮れてくると、しくしく泣き出した。

「一生この木にいたくないなら、カラスのように空中に飛び出すしかないのかよ」と、

絵／ヴェロニーク・タジョー

ひとりごとを言う。

クモは大きく息を吸いこむと、ポチャン！　飛びこんだのはワニたちのど真ん中だった！

「なんじゃこりゃ？」年寄りワニが言う。

「食えるかな？」

「バカ言うなよ！」クモはすぐ答えて泣きだした。「あんたらの身内だぜ。みんなで何年も探してくれてたろ、わからんのか？　あんたらのじいさまの代、おれはうんと小さいうちに逃げ出したんだ。以来だれにも見つけてもらえなかった。身内で初めて会ったのがあんたらだっていうのに」

クモは地面に涙をばしゃばしゃこぼして泣いた。聞いたワニたちもワニの涙を流した。

「かわいそうになあ！」ワニたちが派手に鼻をぐすぐす言わせて、「心配すんなよ、ここでいっしょに暮らせばいい。おれたちが卵を産む土手の穴に寝泊まりしな」

でも、ワニの一匹はクモを怪しんで、なめるように調べた。「まずは、こいつが本物の身内かどうかを確かめんとな」と思ったんだね。

「さ、お客さんに泥スープを少し出してやれよ」と、別のワニにそっと言った。「飲めばこいつの話は嘘じゃないし、飲みたがらなけりゃ嘘つきだ、絶対に身内なんかじゃないってわかる」

さっそく、そうはからった。

クモは泥スープのヒョウタンに大喜びのふりをした。「こいつはばあちゃん譲りの絶品レシピだろ、どこにあった？」とスープを飲むふりをしながら聞いた。ただしこっそり後ろ足で穴を掘り、前足でヒョウタンの底に小さな穴を開けておく。

「うまかった！」と宣言し、その調合液が地面にしみこむまでヒョウタンを後ろによけておいた。

空になったヒョウタンを見て、ワニたちは「身内にちがいない」と言い合った。そしてクモを小ワニの群れや百数十個のワニの卵といっしょに穴の中に寝かせることにした。

クモは穴に入る前に言った。「いいかい、子どもたち。夜中にポンポン音がしても心配いらんよ。それはおれだから。おまえたちの母さんが作ってくれたおいしい泥スープのせいでゲップが出るんだ」

ワニたちがみんな寝静まったころ、クモは卵を取って火に放りこんだ。

ポンッ！　卵がはじける。

「あの変な大おじさんがゲップしたんだね」小ワニたちはそう言い合い、聞きつけたおとなのワニがたしなめた。「静かにしなさい、子どもたち。身内をそんなふうに言っちゃだめだ！」

だけどクモは、「まあまあ、その子らの好きにさせておやり。うちの孫たちじゃないか。なんとでも好きに言えばいいんだよ」

クモは卵を次々と焼いては、ひとつ残らず食べた。ワニたちは夜通し音を聞いており、そのたびにだれかが「変な大おじさんがゲップしてるだけだよね」と言う。

朝になるころには、卵はひとつしか残ってなかった。

大ワニが若いワニに卵を回してくれと頼むと、クモはすかさず答えた。「大丈夫だよ、もう回したから」

そこでワニたちは卵を数えようと提案した。

「おれが一度に一個ずつ出してきてやるよ」クモが卵を穴から出してきてワニたちの前に置くと、印をつけさせた。

クモはまた穴にひっこむと、その印をなめて消してまた出した。またワニが卵に印をつけた。そうしてクモは同じ卵を何度も何度も運んだわけだ。

「二、三、四…」ワニたちが卵を数え、百と一個になった。

「卵は全部そろってる」毎日そう言っては大満足していた。

「血のつながった身内との再会を果たしたことだし」ある日、クモが言いだした。「女房子どもらを連れてきて、みんなで暮らしたい」

「ぜひそうなさいよ」ワニたちが言ってやる。「でも早く帰ってきてね。またいっしょに遊んだり、卵を数えるのを手伝ってもらえるように」

「もちろん」と、いたずら者のクモは言った。「大冒険じゃないか？　川を渡るのを手伝ってくれたら、すぐ戻ってくるよ」

ワニたちはクモをカヌーに乗せ、漕ぎ手を二匹つけてやった。

だが二匹の片割れは長い鼻より先の見通しがきくやつで、クモに気を許していなかった。だから川の中州にさしかかると振り向いて、「ちょっと待ってて。すぐ戻ってくる。卵を確かめに行きたいんだ」

こうしてワニたちが見に行くと、印のついた卵は一個だけだった。

「このいたずら者め！」みんな大騒ぎになった。「あいつをすぐ連れてこい！　あいつは身内なんかじゃない！」と対岸からくちぐちに大声をあげる。

ただ、カヌーを漕いでいたワニは少し耳が遠かった。

「ほら！」クモは漕ぎ手に言ってやった。「急げってさ。もうすぐ満潮だって」と漕ぎ手をあおって無事に向こう岸につくまで漕ぎに漕がせ、あとはまんまと逃げおおせたとさ。

英訳　ダイアン・スチュワート

ナティキ

ヨーロッパのシンデレラともどこか似たこのナマクアランドのお話は、人々にたいそう愛されたナマ人の語り部トリンティエ・コエカスの語りを子どものころに聞いたグローディアン・コッツェによる再話です。コッツェ曰く、彼女は「名人」だったとのこと。

トゲだらけの木々のかなたにカラハリの夕陽が沈んでいく。狩人たちが草原から戻ってきた。村のみんなが陽気に話している。ナティキの姉ふたりと母親は、脂肪を全身にすりこんでいた。今夜は満月のダンスだから、美しく映えたいんでね。

ナティキも踊りに行きたかったが、「行ってもいい？」と聞いたら母に「ヤギを連れて行って、日暮れ前に戻らせてね」と言われただけだった。「薪もとってきて大きな火を起こして、動物を寄せつけないでよ」

母親と姉ふたりはナティキにずっといじわるだった。ナティキが姉たちより美しいのがしゃくなのだ。それに若い猟師がダンスでナティキを気に入るかもしれないと恐れてもいた。

そこで、ナティキは草原に出かけることにした。ヤギを村に連れ戻ると、母親と姉たちはとうにダンスに出たあとだ。

ナティキは集めてきたヤマアラシの針ひとつかみを台所囲いに載せた。薪を割り、火をつける。

次に、自分の体に脂肪をすりこんで、磨いた銅のように肌をぴかぴかにする。とげとげの小枝で髪をとかし、砕いた樹皮と脂肪を混ぜた黄色い顔料を顔に塗る。首にはダチョウの卵の殻で作ったビーズを巻いた。髪にもビーズを通し、種を詰めて乾かしたスプリングボックの耳を脚に結ぶ。最後にヤマアラシの針を小さな皮袋に入れた。

おもてに出て歩き出すころには、月はもう高く昇っていた。あちこちの地面にヤマアラシの針を刺して歩いていく。

丘の上にたどりついて、ダンス用の大きな焚き火が見えると少し緊張した。お母さんやお姉さんたちに何か言われるかしら？　でも炭火の上で焼ける肉の匂いをかぐと、足がひとりでに跳ね回り、スプリングボックの耳が足首でしゃらしゃらと鳴る。

火のすぐ前まできて、初めは片隅に立っていた。すると母親と姉たちが目に入った。彼女らのほうではナティキと気づかず、他の女たちといぶかしんでいる。ひとりぼっちでパ

絵／ニコラース・デ・カット

ーティに参加したのはだれだろう、よそ者だろうか。

ナティキは歌いながら手拍子をとる女たちのそばに行き、歌に加わった。手を叩くうちに足どりも軽くなる。若い猟師が踊りながら彼女に微笑みかけ、じっと見つめてくる。

夜が更けると、ナティキの姉たちはあくびし始めた。ナティキの母親はその様子を見て姉たちに言った。「もう少し肉を食べたら歩いて帰りましょ」そんなわけでそろって引き揚げた。

ナティキは他の女たちと残ってずっと歌い続け、手拍子をとった。みんなが疲れたころになって、若い猟師がナティキに声をかけてきた。「一緒に歩こう」

ヤマアラシの針をたどって母親の小さな家に向かいながら、ナティキは邪険な姉ふたりと母親のことをすっかり話した。ナティキが踊りに行ったと知れば、母親はどんなに怒るだろう。

すると猟師は、「おまえを彼女たちから引き離す。この件はおれがお母さんと話をつけるよ」と言ってくれた。

母親と姉妹は、遠くから近づく声を聞いた。

次の姉は「きっとあの子が猟師と帰ってきたのよ」

上の姉はナティキに嫉妬して、「だれがあの子と歩こうなんて思うもんですか」

赤い炎に照らされて、ナティキと若い猟師が入ってきた。ナティキは本当に美しい。

「このひどい子、何を考えてるの」と母親が叱る。

ナティキが震えだしたのを見た若い猟師は、母親に顔を向けた。「今夜からナティキを連れていく、この先もずっとだ。それに、この人の鍋が空っぽにならないようにおれがちゃんと面倒を見る」

「今にわかるよ、この子がどれほど役立たずか！」ぱっと立った母親がナティキを猟師から引き離そうとしたが、ナティキのほうが母より断然すばしこかった。飛びのいて身をかわすと、猟師の背に隠れた。そうなれば、もう母親には手の出しようもない。

そんなわけでナティキは猟師と家を出て、遠く離れた猟師一族の村へ嫁いだ。

毎日、午後になると母親と姉たちが大量の薪をしょってとぼとぼ帰ってくる。姉たちはぶつくさと、「ナティキ、ナティキ、いつか連れ戻してやるからね」

だが、ナティキは幸せに楽しくやっている。夫や子どもたちの世話もよくするいい嫁だ。

そして猟師が約束した通り、彼女の鍋に肉が絶えたことはない。

英訳 マーガレット・アウエルバッハ

ウサギと木の精霊

アフリカ民話に数えきれないほど登場するウサギは、たいていずる賢くて意地悪で、カルル、スングル、ムウウンドラザナなど多くの名前を持っています。このフィリス・セイヴォリー再話によるコサ人のお話では、ウサギが――珍しく――人間に親切にするのです。

ある朝早く、骨と皮の婆さんが近くの村の婚礼から帰る途中で、路上の割れ壺に気づかずにつまずいて転んで足を破片で切ってしまった。

「まともな人が歩く道にゴミを置いた愚か者は呪われろ！」婆さんはそう叫んで起き上がり、「そいつの上の子が今この瞬間に呪いにやられますように。そして、だれかがまた、こんな割れ壺を道にほったらかして人を苦しめるようなバカをしない限り、呪われ続けますように！」

と、そのまま行ってしまった。

そこの近くにはドンドという働き者とその妻と七歳になる娘のテンベが住んでいた。この夫婦はいい年になるまでさんざん苦労して今の生活を手に入れたのに、ただひとつの悩みで帳消しになった。その朝、娘がたった一晩でしゃべれなくなったと知って、夫婦の苦悩はいかばかりか。

「こんなたちの悪い呪いをこの娘にかけたのは、いったいだれだろう」と、夫婦はお互いに心当たりを探した。

たくさんの医者に相談したがこの子を助けるには至らず、年月が過ぎていった。娘はしとやかに美しく成長したが、こんなに働き者で品のいい美人なのに、結婚資産家畜の見込みがほとんどないのが明らかになってきた。おかげで老親たちは悶々として、口のきけない嫁に結納金を払ってくれる人がいるだろうかと大いに悩んでいた。

その心配は的中し、娘の病気が知れ渡ると縁談の声はかからなくなった。ただひとりだけヌトゥという若者がいて、娘の美貌に惹かれて何とか助けてやりたいとひたすら願っていた。

「きっと木の精にしかるべきお供えをすれば、この美少女を憐れんで、舌を縛る呪いを解いてくれるに違いない」と考えたんだ。

ヌトゥはだれにも知られないように日暮れまで待った。そして近所の大きなユーフォルビアの木に行くと、木の精霊に悩みを打ち明けた。

絵／リン・ギルバート

この木の根元に隠れ住むウサギのムブンドラはヌトゥの訴えに眠りを妨げられ、興味津々で聞き耳を立てた。そうしてヌトゥからただ飯をせしめると同時に、茶化してやれと考えついた。

それでせいぜい不機嫌そうな声を出して答えた。「そんな頼みごとをするとは、ひきかえにどんなものを供える気か？」

「善き精霊よ」ヌトゥはしばらくして答えた。「なんなりとお望みのものを喜んで。あの美しい乙女を思うと、心が痛んでなりません」

「ふうむ」ウサギはじっくり検討するふりをして、「たっぷりの新鮮な野菜とおいしいベリーを毎日ここの根元に供えるように。そうすれば考えてやらんでもない」

すると希望に満ちたヌトゥは案の定、新鮮な野菜を毎日持ってきてはユーフォルビアの大木の根元に供え、おかげでウサギは毎日おいしいただ飯にありついた。ところが根が悪者でないウサギは、ある時から良心が痛むようになった。もとより医術の腕にはとびきり自信があるウサギのことだ、病気の乙女と知り合ってなんとか治してやることにした。

翌朝、前にちょくちょく盗みに入って勝手知ったるドンドのモロコシ畑に行ってみた。テンベはそこで苗を丁寧に植えていた。手伝いましょうかと声をかけても、知らん顔で作業を続けている。

そこでウサギはあることを思いついた。山積みになった苗を拾い、娘のあとから苗を植えていく。しかも逆さまに植えて根っこを宙に浮かせる。そうすれば、少なくとも彼女の目にはとまるだろうという作戦だ。

テンベは一列分の植えつけをすませると、腰をのばして次の列にかかろうとした。そこでウサギの植えた苗が目に入り、拳を振りあげて叫んだ。「このバカ、自分が何をやってるかわからないの？」

とたんに自分の声が戻ったと悟って顔じゅうに驚きが広がる。クワを放りだし、大声で笑いながら両親を探しに走っていった。

「人間らしいよ」とウサギはつぶやいた。「ひとことの礼もなしか。けどさ、こうなったらヌトゥのやつ、あの豪勢なただ飯をいつまで続けてくれるかなあ？」

カマキリとお月さま

カマキリはカゲンとも呼ばれ、サン人の伝承には欠かせません。カマキリにまつわるこのお話は、児童書も手がける小説家マルグリット・ポーランドの筆でご紹介しましょう。

昔、あるところに月を捕まえようとするカマキリがいた。月に乗って夜な夜な空を渡り、いつか動物たちからこう言われてみたかったんだね。「カマキリが月に乗って旅してるぞ。きっと神さまだろう、崇めなくちゃ」ってね。

そうしていつかは堂々と月に乗り、おなじみの乾ききった大砂漠を見おろし、トゲだらけのアカシアや干上がった川や、見上げるスプリングボックの群れを一望するんだ。さぞや誇らしかろう、本物の神として動物すべてに崇められて。けれど自分はただの虫、月ははるか遠いかなただ。月の面に影を落とす夜の鳥さえたどりつけないのに――カマキリの短い羽をばたばたさせたって、あそこまで飛べるか？　それでもカマキリは夢見がちで、小枝の上で前後に揺さぶられたり、葉っぱにくるまれたりしながらも月のことだけを思い、行く手だてを考えていた。

月はとらえどころがない、いつも同じ時刻に出るとは限らないから。カマキリは地平線から月が出たらすかさず捕まえることにした――その後は扱いにくい大きさになってしまい、のろのろと空をのぼっていく。高く白くなってしまえば遠くですばしこく動くが、日の出の光を浴びれば置き忘れた雲のかけらそっくりに白くぼやけ、遠い地平線に届く前に消えてしまうことが多い。カマキリは石や茂みの下から影がのぞくまで一日中じっと待った。空が淡い緑になって日の光の名残と青い闇が出会うまで待った。いざ月が出ればあまりに静かで、あやうく見逃すところだった。ああいたいた、アカシアの枝に引っかかっている。

カマキリはとっさにその木に飛び移った。トゲや小さな卵形に垂れた葉をかいくぐって登り、走るのと飛ぶのを半々にしながら大急ぎで幹を伝う。月はすぐ上の梢に引っかかっていた。だが、そこでよろけてしまい、また飛ぼうと体勢を立て直した時にはもういない。今度はバオバブの枝の揺りかごで、カマキリが出してくれるのを待っているようだ。

カマキリはカシャカシャ羽音を立ててバオバブの根元へ飛んだ。バオバブは星に絡みつくように力強く枝を伸ばしている。小さな生き物には長い道のりだ。だけど木の揺りかごにたどり着いてみれば、お先に登った月は高いところの枝に捕まっていた。カマキリは月めがけて飛び、枝に割られるより先に捕まえようとした。だけど、たどりつくころには月は小さくなり、うんと遠くまで大急ぎで移動していた。

月が欠け、夜明けが遅くなった。カマキリは見ているだけで眠くなり、出遅れてしまった。月が全く出ない時もあり、砂漠の動物たちは不安になった。月はいつも狩猟の弓のように細く曲がり、しなやかに彼らの放牧地を照らしながら戻ってくるが、いつかは地球の下の天空という荒野に落ち続けて、砂漠の上をふたたび巡ってくれなくなるかもしれない。

カマキリは若い新月を捕まえようとしたが、新月はしなやかですばしこく、アカシアの鋭く白いトゲにも引っかからない。

「罠を作るぞ」とカマキリは宣言し、枯れ草で縄をこしらえて棒きれに結んだ。上から飛びかかれるように高い尾根の岩陰にひそみ、月の出を待つ――オレンジ色の満月は濃厚なサワーミルクを入れたヒョウタンみたいに重そうだ。縄に月影が落ちるのを見すまして、カマキリは縄を引いた。だが縄に結び目ができて空っぽのまま地べたに落ち、月はそのまま高く昇っていった。

カマキリは茂みに入って考えこみ、茎に絡まった枯れ葉のように茶色くなった。どうにかして月を捕まえて乗らなくては。そうでもしないと、こんな小さな虫が神になれるわけがない。動物たちに注目され、崇められる方法は他にないのだ。

絵／マーナ・ハッティング

杭を切って研ぎ、丘の上に立てた。トゲに引っかかった大きな白いバオバブの花のように、月を突き刺して固定するのだ。

月が丘の尾根から昇ってくると、カマキリはまた隠れた。月はゆっくりと杭へ近づいていく。

「ああ、バカな月め！」と叫んだ。「今度こそ捕まえたぞ！　ああ、カマキリの賢さと抜け目なさを思い知ったか！」ところが月の顔を杭の影がかすめただけで、そのまま夜空に高く昇られてしまった。

カマキリは怒声とともに杭をふたつに折った。そうして月を出しぬく別の方法を思いつく。

長い葦に短い腱でウズラの羽をくくりつけ、重石をつけてジャニと呼ばれるスリングを作った。空中に投げれば流れ星の速さでくるくる回って地面に落ちる。きっと月に巻きついて落としてくれるだろう。

月が新しくなり、小さな鎌でもやすやすと捕まえられる大きさになると、カマキリはジャニを高いバオバブの上に持って行って待ち伏せした。そうして出てきた月めがけてジャニを投げつける。ムチのように飛んだジャニが月の曲がり部分を横切った。羽根が小鳥のように舞ってから静かに落ちた。カマキリはジャニから石を外して地面に投げ捨てた。

また満月になり、カマキリは月が地平線の下に沈むとどこへ行くのかを追ってみた。茂みから茂みへ、石から石へと飛び、月が空を横切るのを見た。そしてたくさんのひづめが踏んだ砂地の深いくぼみにぽっかりあいた泉の――はるか底で月が水にはまっているではないか。黒く湿った粗砂を固めた急な堤防をこっそりと降りていく。足を止め、明るく浮かぶ円盤を見つめた。そして飛びつき、トゲのある爪でつかもうとした。それなのにあえぎながら水中に沈んでいき、怖がりながら四苦八苦して土手にたどりつこうとした。それでも月はそこで涼やかに輝いている。

カマキリは何度も月を水からすくいとろうとしたが、うまくいかない。とうとう怒って石を投げつけ、月を呪った。

石は反射して砕け、月の光が千々に砕けてカマキリの目に刺さった。痛みで目が見えなくなって逃げ出し、いばらの木に隠れた。目に刺さった痛みはいっこうに取れず、見るものすべてに月光がちらつく。カマキリは眠れなくなったが、眠ろうにも闇がない。もう神になって月にまたがり、砂漠の動物たちに崇められようなんて望みはない――われながら、なんでそんな望みを持ったのだろう。

いばらの木にそっと近づき、暖かい夜の空気に触れる枝に登った。そこで月の出を待つ。前足を折りたたんで月に向けて祈りの姿勢をとり、視力を戻してくださいとすがった。

小枝の上でそっと揺れながら、謙虚な小さい虫としてうなだれる。

そうする間も月はどんどん昇り、前よりも高く白くなった。やがてとうとう砂漠の荒野の向こうに沈むまでカマキリはその場にとどまり、月に頭を垂れて祈った。

昼間になると青白い月がゆるぎない足どりであらわれ、砂の上にいばらがくっきりした影を落とす。さっと鮮やかに飛び去る鳥の姿を見て、カマキリは悟った。自分の目に刺さった光を、お月さまはすっかり取りのぞいてくれたのだ。

それは遠い昔のこと、海からヘイクム族（ブッシュマンの部族）の広く乾いた平原までの土地を、おびただしい放牧家畜が自由気ままに歩き回っていたころだ。だがカマキリの子孫たちはいまだにその地にいて、季節ごとに変化する葉のように茶色や緑に体色を変える。そしてかしこまり、前足を祈りの形にかかげ——神になろうとした短い羽の小さなご先祖さまを許して見る力を返してくれたお月さまを拝んでいるんだ。

七つ頭の大蛇

呪いから解き放たれて自由の身になるか、元通りの姿になるお話は、アフリカ民話の人気筋です。このコサ民話では、「七」という数――「三」と同じく魔法の数とされています――に大事な意味があるんですね。語り部としての公演にも定評ある絵本作家グシナ・ムロフェの再話でお送りします。

昔話の始まり始まり。
お話ししてよ。

むかしむかしのこと、マンジューザって女にはすごい特技がふたつもあった。歌声がとても豊かで、歌えばみんな大喜びだ。でも踊りときたらもう絶品で、見せてもらえばそれだけで最高の一日を過ごせる。だから、大事なお祝いに踊ってくれと遠くからも近くからも呼ばれていくし、婚礼では一番人気の舞い手だった。花嫁の出待ちにマンジューザがすっと立ってって、あでやかな姿でハーブのいい香りをふりまきながら、まばゆい朝日みたいに晴れやかな顔で踊ってくれなきゃ、婚礼らしいおめでたさが出ない。マンジューザ抜きの婚礼なんて、じきに忘れられてしまうのがオチさ。

マンジューザが暮らしていたのはグレニといって、汗水たらして働くばかりのちっぽけな村でね。ただし小さい村ではあるけど、度胸のある狩人ぞろいで有名だった。狩人たちのかしらはムティヤネといって、むだ口をこれっぽっちも叩かない人柄で重んじられていたよ。若いころから狩りがうまくて、娘の婿になってくれたらと願う母親はおおぜいいた。だけど嫁になったのがマンジューザじゃ、そりゃもう、お似合いだと認めるしかないよね。

そうして何年かたつと三人の子ができた。男ふたりに女ひとりさ。ムティヤネは村の狩人たちを連れて何週間も狩りへ出かけてしまうと、夜ごと星空の下でぽつんと腰をおろしてね、今ごろ家でマンジューザや子どもらはどうしてる、子どもらはもう夕飯がすんでかすかな寝息をたてているかな、そんな寝顔に女房はそっと子守唄を歌ってやってるかなとあれこれ思いめぐらしては、恋しさをもて余したもんだ。

ある朝、マンジューザはひとりで家にいた。二日後に帰る夫のためにビールを作っておこうってね。

その仕込み中に、だれかがごめんくださいとやってきた。出てみればよそのおばあさんで、うちの孫娘の婚礼で踊ってくれないかって。でもね、マンジューザの都合がつかなかった。あいにくその日はもう先約が入ってたんだ。

なんとかやりくりして先約を断ってくれないかと、おばあさんはあの手この手で言いくるめようとしたよ。でもマンジューザにしてみれば、約束は約束だ。だから、おばあさんのほうでお日にちを変えてくれれば、両方の婚礼に出られて八方めでたしなんだけどと頼んでみた。ところが、せっかくの日取りを変えるなんて縁起でもないと逆切れされちゃってね。おばあさんは帰りがけにこう言い捨てていった。あんたの夫ムティヤネを呪ってやる、帰り道で災難にみまわれて、おぞましい化物に変わり果ててしまうがいいって。

おばあさんを帰したあと、マンジューザは疲れ切ってしばらく立てないほどだった。胸が痛んでねえ。なにしろ根っから優しくて、婚礼のお客らの喜ぶ顔見たさに毎回はりきって踊るような人だから。

いよいよムティヤネが帰るはずの晩になり、子どもたちは大はしゃぎだ。夕ごはんがすんでも、いつまでも寝ようとせずにお父さんを待ってた。じきに夜ふけだ。ただいまと戸を叩く気配を待ちわびても音沙汰がない。先触れの猟犬の声でも聞こえるかなと耳をすましても、さっぱりだ。子どもたちはあくびがちになり、ひとり、またひとりと寝落ちしてしまった。まんじりともせずに起きて座っているのは子らの母親だけだ。

ムティヤネは夜明け前に戻ってきた。ずいぶんおかしな姿になって！　灰色になった目をぎらつかせて、怒ったヘビそっくりにほうぼうをにらむ。とほうもない長さにだらーんと舌を垂らしてさ、まともに話もせずに変な音しか出さないんだよ。

そうして怖くて声も出ないマンジューザの目の前で、最愛の夫はみるみる七つ頭の大蛇に変わり、口の中が干上がるほど恐ろしい化物になってしまった。急いで頭を働かせなくては。鶏はとうに時を告げ、東の空をあざやかなオレンジに染めている。子どもたちが起きる前に、なんとかこのヘビをどこかへ隠さなくては。

マンジューザは作物用の貯蔵小屋のひとつを手早く片づけた。そこには穀物をしまっておく黒い大がめがある。中をきれいにして大蛇を入らせ、かめのふたの片側を割って空気穴をあけてやった。そして七つの頭ぜんぶにいきわたるように気を配って食べ物をやると、小屋に鍵をかけて出てきた。

目をさました子どもたちがお父さんはとくちぐちに尋ねるので、こう言って聞かせた。お父さんはまだだよ、でももう何日かしたら戻ってくるからね。その晩は子どもたちが寝静まったあとでこっそりとヘビに食事を持っていった。そのあとで貯蔵小屋を戸締まりしてからようやく寝にいき、ひとりで泣き泣き眠ったんだよ。

その夜は夢を見た。マンジューザの祖母があらわれてね、こう言うんだ。呪いを解くには七つの婚礼で踊りさえすればいい。七つめの婚礼から帰ってきたら夫はもう元通りさ、どこもかしこも呪いをかけられる前とひとつも変わりゃしない。ただし、今の話はくれぐれもないしょにね、たとえ子どもらにだって一言も話しちゃだめだよ。

子どもらにはさっぱりわけがわからなかった。どうしてお父さんは狩りに出たっきり戻ってこないの。どうしてお母さんは貯蔵小屋のひとつに鍵をかけるようになり、そのことや浮かない顔をするわけを尋ねただけで怒るの。

それでもマンジューザは隠し通してヘビを養い続けた。父を恋しがる子らを見れば、おのずと気分はどん底だ。子らのほうでも、お父さんは死んじゃったのに教えてくれないだけかなと思わないでもない中で、あることに目ざとく気づいていた。お母さんはたまに、だれかのぶんの食事をとっておくのだ。

わけを尋ねても、決まってこう言われる。お父さんが帰ってきた時のためよ。

いつものようにマンジューザに婚礼の踊りを頼みにくる人がいれば、喜んで引き受けた。ひとつ、ふたつ、三つ…。もちろん、どれにも出たよ。ただもう婚礼の数だけを指折り数えていたからね。出がけに必ずヘビに食事をやり、小屋の戸を閉めて鍵は肌身離さず持ち歩いた。小屋の中に何がいるの、見せてようとわが子にたびたびねだられても絶対に見せなかった。だから子どもらは鍵を盗もうとまでしたんだけど、よく気がつくマンジューザにはかないっこないよ。

それからも婚礼のお招きは片っぱしから受けて踊りにいった。ひとつこなせば、七つめがまたひとつ近づく。六つめをすませた帰りにはもう嬉しくて嬉しくて、どうしても顔がほころんでしまった。つぶらな目をキラキラさせて、まるで恋する乙女だね。けげんそうな子どもらを見て、こう思ったんだって。「じきにこの子たちも笑顔にしてあげられるわ」

いよいよ七つめのお招きをもらうと、浮かれっぷりが目立つほどでね。ひとりで歌って笑って、さてはついにあとがまの男が出てきたかと近所の噂になるほどだった。かといって、今度のお相手はどこのだれだいとまともに尋ねられても、ただ笑って流してたんだけど。

七つめの婚礼当日になると、マンジューザははやばやと起きて子らの朝ごはんを支度してやり、それからじっくりと身ごしらえにかかった。とびきりきれいにしたかったんだね。子らはそのどさくさにまぎれて、またぞろ鍵を盗ろうとした。あの手この手でしつこいもんだから、柄にもなくカッとしたマンジューザは肝腎かなめをぽっかり抜かしちまった。ただし鍵は持って出たよ。がっかりした子どもらは朝ごはんの間中ぶつくさ言い続け、食べ終わると遊びに出た。そうしてお昼過ぎに鬼ごっこしていてふと気づけば、入るなと言われたあの小屋はすぐ目の前だ。一番上の男の子が、いつものくせで試しに戸を開けようとした。そしたら本当に開くじゃないか。マンジューザは鍵を持って出ておきながら、戸締まりを抜かしちまったんだ！

絵／ナタリー・ヒンリックセン

子どもらはそろりと中をうかがった。がらんどうの室内には、ふたの割れた大きな黒い三足がめだけ。お母さんたら、かめなんか隠してどうするんだろうと、けげんな顔を見合わせた。一番上の子がずっしり重いふたを開けて中をのぞく。すると七つ頭の巨大なヘビがにらみ返してくるじゃないか。おびえた三人は悲鳴をあげて逃げ出した。

マンジューザの家のわりあい近くに川があり、あの怪しい大蛇はかめから出てきて川の土手まで這っていった。そこに寝そべって午後の日ざしを浴びながら、水に自分の姿を映してじっと見入っていたよ。

逃げ出したマンジューザの子らは怪しい大蛇が出たと友だちに話し、男の子も女の子もさっそく連れだって見にいった。そうしていざ寝そべったあのヘビに出くわせば、もうあっけにとられちゃうよね。ヘビの七つの頭も興味津々で子どもらを見ていたよ。頭のひとつが、「おい見てみろよ、あんなふうに棒立ちになって」と言う。

「やつら、なにが目当てだ？」ふたつめの頭が尋ねた。

「おれたちの頭を見てる」これは三つめの頭だ。

「おれたちの頭を見たいんじゃないか」と、四つめが言う。

「だったら寄ってくりゃいいじゃないか？」五つめだった。

「噛まれるのが怖いんだろうな」と六つめ。

「あそこに立ってりゃ嚙まれないとでも?」七つめの頭が訊いた。

子どもらは回れ右して必死で逃げたね。逃げ帰って親たちに、七つ頭のヘビが出たよと知らせたもんだから、さっそく男たちが棒切れを持って川へ向かった。ところがいざ着いてみりゃ、みんな金縛りにあったように動けない。頭がふたつ以上のヘビなんて想像もつかないだろ、しかもしゃべるんだから、あっけにとられるよな。

「怖い」なんて言いたくないのはもちろんさ、女房子どもの手前ってもんがある。もしかしたら、あのヘビを殺すのはまずいんじゃないかという者も出た。言い分はこうだ。

「先祖の霊が何かを伝えたくて化けて出たのかも。いったん戻って村の寄り合いで相談したほうがよくはないか」

女たちにはとうにお見通しさ、男どもが並べてるのは怖さをごまかすための言い訳だってね。で、わが子が心配だ、日没までにヘビを退治しろときた。

そしたら男どもは、「わが子が心配なのはおれたちだって同じだ。でもな、川のあのヘビはそんじょそこらのヘビとはわけが違うんだぞ!」

女たちはもう耳を貸そうともせず、寄ってたかってゆるいお粥をいくつもの鍋にたっぷり仕込み、母親だけで熱いお粥の鍋をめいめい頭にのせて長い列に並び、川っぷちをめざした。そのころ、ヘビは怒って早口でまくしたてていた。

「おい見てみろよ、そら、女どもがくる！」
「何しに？」
「おれたちめがけて」
「あの鍋は」

怒ってまだ何か言う前に、駆け寄った女どもに熱々のお粥を浴びせられた。ヘビの皮に大きな火ぶくれができて破れ、苦しがってうめいている。

村中からさらにおおぜいが駆けつけ、ヘビ退治に手を貸した。頭の多いヘビをやっつけてやったぞと、みんな喜んで歌いだす。

　ひとつ、またひとつとヘビの頭をやっつけたぞ
　ああ、あいつのお手柄だ
　まあ見てみなよ、みなの衆
　やったじゃないか、ヘビの頭をひとつ、またひとつと

マンジューザは七つめの婚礼からの帰りに、耳新しい女たちの歌を聞きつけてゾッとした。村の人たちが夫を殺しちゃったわ！　いつしか涙があふれてくる。

どうすりゃいいの？　考えるのも嫌なりゆきとはいえ、次の手を思いつくまでは、ひとまず陽気な歌と踊りの輪に混ざっておこうか。暗くなったから泣き顔は目立つまい。ところが近づいていって人の肩越しにうかがうと、火ぶくれだらけになって死んだ緑の蛇皮から、愛する夫がのろのろと起きだすのが見えた。ずっと寝ていた人みたいにくしゃくしゃの顔をして、ろくに目も開かないありさまだ。歌声がやんだ。だれもかれも、まさかの場所からいきなり舞い戻ったマンジューザの夫にびっくりしている。

ムティヤネはぼうっとしながらも、やがて人だかりの中から女房を探しにかかった。目を疑いながら駆け寄ったマンジューザがその首ったまに飛びつく。つらい日々から解放されて、もう泣き笑いしながらね。

ムティヤネはしっかりと抱きしめてやった。周囲のあれこれはまだよくのみこめなかったけど。するとそこへ子らが走ってきて、家族みんながふたたびそろった。呪いの終わりを告げる日は、こうしてしめくくりを迎えたんだ。

歌って踊りだしたマンジューザはこれまでになく美しい歌と踊りを見せてくれ、村中がいっしょになって喜びにわいたんだよ。

これでおしまい（フェラ・フェラ・ンガンツオミ）。

ウサギの仕返し

ウサギは――カメと同じく――アフリカ民話に数えきれないほど登場し、「強くなければおつむを使うべし」の鉄則にのっとって申し分ない大活躍をします。ウサギはフィリス・セイヴォリーの再話によるこのザンビア民話でも大型動物を上手に出しぬき、いつものラーテル（凶暴なイタチの仲間）の役どころまでこなしてお株を奪います。

春先のある日、水牛は百獣の王のライオンにおきまりの年貢を納めに出かけた。そしたら、途中でのんびり歩いていたウサギに出会ってさ。

「ウサギよう」水牛が言うんだ。「ライオン王んとこへ行くんだ、ついてこいよ」

「やだよ、水牛どん」ウサギは答えた。「ライオンなんか信用できるもんか。凶暴なデカブツで、いつ食われるかわかったもんじゃない。そんなとこへ行くのはごめんだ」

「まあまあ、ウサギ」と、水牛。「ライオン王とわしはうんと仲よしだ、わしから言えば聞いてくれる。約束するよ、おまえの無事は引き受けた」

「なんでそんなにおれを連れて行きたがるんだよ、水牛どん？」

「ウサギよう、寝ござ持ちのお供をつとめてくれろ。わしみたいに偉いやつが、自分の寝ござを持ち歩いたらみっともないだろ。運び賃はたっぷりやるからさ」

「いいともさ、水牛どん。なら、ついてってやるよ。その寝ござをよこしな、運んでやるから」

水牛はウサギに自分の寝ござをかつがせて、いっしょにライオンの村へ向かった。やけに照りつける暑い日でね、寝ござがなにしろ重くて、じきにウサギは参っちゃった。

「なああんた、友だちだろ。頼むよ、こいつをちょっと手伝ってくんねえか」と音を上げる。「ちびっこいおれに、あんたの寝ござはずっしり重くてかなわんよ」

「ぶつくさ言うな、ウサギのくせに。のらくらしてんじゃねえぞ！」すごい剣幕で水牛にどなられて、ウサギはものも言えないほど震えあがった。あとは重い足どりで、とぼとぼついてくばかりさ。

真昼になると水牛は木陰に寝そべってさ、ウサギもありがたく重荷をおろしたよ、なにしろ陽ざしが強いからねえ。二匹でそうして休んでたらミツオシエって鳥が飛んできて、すぐ近くの蜂の巣を荒らしにいこうぜってけしかけたんだ。

蜂蜜ならウサギの大好物でね。そこで痛む脚にかまわず鳥についてって、地べたに蜂がこしらえた巣穴にたどりついた。穴の口を広げたら、おいしい蜂蜜を口いっぱいに詰めこみ放題だよ。おあとはさっきの涼しい木陰に戻って寝直しだ。でも、そうしようと思ったとたんに水牛が起きちまって、いきなりドシンとウサギの肩に寝ござをのっけてきた。「急がないと、日暮れまでにライオンの村にたどりつけんぞ」とか言って。それでさあ行くぞって時になって、ウサギにちょいとひらめいたことがあってさ、さっきの蜂の巣へ戻ろうとした。

「おおい、どこ行くんだよう」水牛が声をかける。

「ああ、このちびヒョウタンに蜂蜜を入れてこようと思って。途中でいっしょにちびちびやれば、おたがい疲れが取れるじゃないか。あんたは先に行っててくれ、あとで追いつくから」

で、水牛だけを先に行かせたわけだよ。

でも、ウサギは水牛のやり口にだんだんムカついてきてね、しっぺ返しをもくろんでた。あのちびヒョウタンに蜂蜜を入れといて寝ござを広げるだろ。蜂をどっさり集めてきて寝ござにぶちこみ、元通りに巻いておいた。それから超特急で水牛に追いつき、またいっしょに歩いていったんだ。

おかげでライオンの村につくころには肩がずきずき痛んだけど、ウサギは黙ってた。ライオンはやさしく迎えてくれてね。おいしい食事のあとで、その晩泊まる小屋へ案内して

絵／マーナ・ハッティング

くれた。でもウサギは暑さを口実に、自分は外の草地で寝たいって言うんだよ。

「いいとも、かまわんよ」水牛は言った。「好きにしな。わしはこの小屋でゆったり休むから。出がけに戸締まりはしっかりしといてくれよな」

ウサギはもうくつくつ笑いそうになりながら、水牛の力じゃ破れないぐらいがっちり閉めた。あとは木の陰に隠れて、さて仕上げの見物としゃれこむ寸法だね。

じきに手ごたえがあって、小屋の中はえらい大騒ぎだ。「うわあ、蜂だ、蜂が出たあ！」水牛が大声をあげ、戸をガンガン乱打してる。「出せ、出してくれえ！　は、蜂があ！」だってね、水牛が寝ござを広げたとたんに怒った蜂がわんわん出てきて、頭も体もところかまわず刺しまくったんだから。

やがてライオンの耳にも悲鳴が届いた。友だちが大変だと戸をぶち壊したら、蜂の大群にたかられた水牛が飛び出してきてね。ライオンまで襲われて、いっしょにほうほうのていで夜の暗がりに逃げこんだ。「どうしたんだね、いったい」ようよう怒り狂う蜂どもからなんとか逃げおおせると、ライオンに尋ねられた。

「ウサギのやつにやられた」水牛がべそをかく。「あの意地悪め、わしの寝ござに蜂を仕込みやがって。たちが悪いにもほどがある！　たっぷり罰を受けさせてやるぞ。やつはどこだ？」

だけど、もうとっくにウサギはうんと遠くへ逃げちまっててね。それからも水牛には間違っても近よらないように、ずいぶん用心してたってさ！

お妃オオカミさま

ケープタウンのマレー系住民に語り継がれたマレー・インド系の珍しい物語を、このユニークな文化遺産の保存に長年尽力したI・D・デュプレシ博士による記録でお届けします。

国を長年治めてきたお年寄りのスルタンが、ある日、よんどころない用があって馬で森をつっきった。すてきな夏の日でね、どの木の枝にも小鳥がさえずっていたけど、スルタンの耳には入らなかった。数カ月前に亡くなったお妃さまの思い出にとらわれて、まだ悲しみから立ち直ってなかったんだ。新しくお妃さまを迎えてほしいと民に思われていたけど、スルタンのおめがねにかなう女性が、宮廷にはひとりもいなかったんでね。

もう暑くて暑くて、スルタンはのどがかわいた。それで森の木こり小屋にたどりつくと、水をもらってこいと家来のひとりを使いにやって戸口を叩かせたんだ。

すると出てきたのは美しい娘だった。あんまり美しいもんだからお使いにやられた兵士は目を疑い、用事までうっかり忘れてしまうほどだった。

もう待ちきれなくなったスルタンは、お使いを呼び戻したよ。「あそこで何をぼさっと突っ立っておった？　あの家では飲み水を切らしておるのか？」

「お許しください、王さま」使いが答える。「水を頼むつもりでしたが、ぼうっとしておりました。出てきた娘があまりに美しくて、つい」

それでスルタンは自分で確かめに行き、なるほど見たこともないような美少女に出くわした。その娘にひとまず水をもらってよく礼を言うと、そのまま先へ進んでいったんだよ。だけど、あの美少女の面影はスルタンの胸にしっかりと焼きついて離れなかった。

スルタンは翌日また出かけていって水をもらい、三日めもまた水をもらいに訪れた。やがて美少女は心配になってきた。だってさ、見ればわかるじゃないか。スルタンが自分に一目ぼれして、妃にしたがってるって。

まあ、どんな女でも玉の輿なら望むところだろうと言われそうだけど、このしがない木こりの娘にはもう恋人がいてね。この人と思い決めた相手はハンサムな若い宰相で、それ以外はお呼びじゃなかったんだよ。

スルタンは三度めに訪ねていくと、数日ほど間をあけた。娘はホッとしたよ、だって、てっきり別の人がお妃に選ばれたと思ったからさ。だけど、そう思って油断しかけたある日、あのスルタンが青毛の馬でやってきた。血赤の鞍布に銅の鈴をいくつも飾り、リンリンシャンシャンと鳴らしながらね。

「アミナ、ぜひとも妃になってほしい。わしと夫婦になってくれないか？」

だけど、アミナはとっさに先延ばしの策を思いついた。「わたし、ふさわしい晴れ着が一枚もないんです。お先に銀のドレスをくださらなくては」

「よかろう」スルタンは答えた。

アミナのほうはあとで恋人の宰相の屋敷へ相談に駆けこんだが、あいにく留守でね。

あくる日のスルタンは、雪白の馬に銀の鈴つき銀の鞍布を敷いてあらわれた。はずむ馬の足どりにつれて、鈴の音がリンリンシャンシャンと鳴る。

「さあ、お望みのドレスをやろう」と言われた。

でも、アミナは銀のドレスに目もくれない。「だめだめ、これじゃ足りません。まずは金のドレスをくださいな」

「よかろう」スルタンは答えた。

あとで恋人の屋敷へ相談に駆けこんだが、やっぱり留守でね。

その次の日のスルタンは、栗毛の馬に金の鈴つき金布を敷いて、リンリンシャンシャンとやってきた。

「さあ、お望みのドレスだ」

でも、アミナは金のドレスに目もくれない。「だめだめ、これじゃ足りません。まずはダイヤモンドのドレスをくださいな」

あとで恋人の屋敷へ相談に駆けこんだが、やっぱり留守だった。

ところでスルタンのほうもそろそろ待ちくたびれてきてね、でもアミナがあんまりすてきな笑顔で頼むものだから、それに免じて望みをかなえてやることにした。

スルタンを帰したあと、アミナはまたまた恋人の屋敷へ駆けこんだ。今度はちゃんと恋人がいたので、これまでの事情をすっかり打ち明けて相談した。

「逃げ道なら、あるよ」宰相はひととおり聞いてからアミナに教えた。「この魔法の指環を左手の中指にはめなさい。このオオカミの毛皮も持っておいき。もしも明日、スルタンに宮殿に連れていかれそうになったら、寝室にこもって毛皮を肩にかけて指環をこすりながら、こう歌うんだ。

頭を下げたら
がっぷり呑めよ
毛皮よ毛皮
それ　花嫁を

毛皮よ毛皮
それ　花嫁を」

あくる日の午後、スルタンはぶちの馬にダイヤをちりばめた鞍布で、水晶の飾り鈴をいくつもリンリンシャンシャンと鳴らしてあらわれた。

「さあ、お望みのドレスだ」

今度のアミナはドレスに見とれ、スルタンを家の中に入らせた。「こちらにかけてお待ちください。失礼して着替えてまいりますので」

けど、アミナはドレスじゃなくてあのオオカミの毛皮をはおってね、指環をこすりながら、宰相に教わった通りに歌ったんだ。

スルタンはずいぶん待ったのに三十分してても出てこないもんだから、アミナの寝室の戸を叩いてね。返事がないので開けてみた。

ベッドの上に寝そべっていたのはオオカミだったよ。頭を前足にのせ、ぎらつく目でスルタンの動きをいちいち追うんだ。

そうしてスルタンが剣に手をかけたとたんに窓から身を躍らせ、逃げていった。

アミナは影も形もない。

絵／ナタリー・ヒンリックセン

スルタンはがっくりして宮殿に引き返した。アミナを新しい妃に連れ帰るなんて、もうできっこないからね。

でも、アミナはアミナでおいそれと皮を脱げなくなっていた。あの指環をこすって人間に戻ろうにも、歌の文句をきれいに忘れちまってたんだ。だからオオカミの毛皮を着て、おっかなびっくりうろつくところを狩人たちに見つかった。

「おいおい、ずいぶん人慣れしたオオカミじゃないか」足がすくんで逃げられずにいるアミナを見て、狩人のひとりが言った。そのまま捕らえて宰相の屋敷内の檻に入れる。だがね、かんじんの宰相はぐあいが悪くて寝こんでしまっていたから、そんなこととは知りもしない。日暮れ前に狩人ふたりが水と肉を持ってきてくれたが、オオカミは口をつけようともしない。

「飢え死にするだろ、このぶんじゃ」と狩人の片方が言う。

「まあな、おれらの落ち度じゃないさ」と相棒が言う。「食い物なら十分すぎるぐらいあてがってやったんだ。ときに、今夜は宰相さまの弟さんの屋敷へ踊りにいくのか？」

「ああ」

これを聞いたアミナは、自分も踊りに加わりたいとひたすら思い焦がれた。ところが日が暮れてしまうと、あの歌をいきなり思い出してね。さっそく指環をこすって人間に戻り、森の中の木こり小屋に走っていって銀のドレスを着た。

その晩のアミナは会場いちばんの美女だった。会場中が見知らぬ王女さまの話でもちきりだったが、どこのお方かはだれにもわからない。

アミナは宰相の弟と踊ったが、愛しいあの人はいっこうにあらわれない。

「ところで、お兄さまは？」とうとう尋ねた。

「兄なら体調を崩していますが、明日の夜はまちがいなく来ますよ」

するとアミナは広間を抜け出し、木こり小屋で銀のドレスを脱いでオオカミの毛皮に着替え、指環をこすって歌を歌ってから、戻っていって元のオオカミの檻に寝そべった。

朝日が出てしまえば、歌をまた忘れてしまうからね。

あくる晩はさらに大勢が招かれ、料理はいちだんと上等で、音楽もいっそうにぎやかだ。居合わせた中で最高の美女は、金のドレスの見知らぬ姫君だった。なのに宰相はやっぱり来ない。

翌朝に狩人たちが檻に入ってみると、オオカミはいつもの片隅に座っていた。

その晩の踊りは最高に盛り上がったね。客はみんなせいいっぱい着飾り、灯は前にもましてまばゆく輝き、楽団ふたつが交代で演奏する中で、だれもかれもぶっ通しで踊ったんだ。中でも最高の美女は、ダイヤをちりばめたドレスの姫君だった。

それなのに宰相はあらわれない。アミナは夜明けそうそうに着替えに戻ってダイヤのドレスからオオカミの毛皮になり、こっそりと檻に帰ってきた。

宰相はその日に床上げし、庭を散歩中にあの檻に出くわした。

「おい、ちょっと。これはなんだ？」と、その場にいた狩人のひとりに尋ねる。

狩人は田舎で捕らえたオオカミのいきさつを話した。

そこへ宰相の弟がきて、踊りにきた美しい姫君の話をしてくれた。

「もしかして木こりの娘じゃないのか」と思った宰相は、オオカミの檻のまん前に立つと、

「アミナ！」と呼びかけた。

とたんにオオカミは檻いっぱいに走り回ってね、でもまだ午後早いうちで口がきけない。

あの歌の文句は、とっぷり日が暮れないと出てこないんだよね。

でも、宰相にはそれでアミナだと見極めがついたからね。檻の戸を開けてオオカミの喉首をつかむや、その場で衛兵に殺させた。

すると、いちだんと美しくなったアミナがあらわれ、宰相の胸に抱きとられて屋敷に入っていった。宰相はのちにスルタンとなり、妃をいつも「お妃オオカミさま」と呼んだのさ。

英訳　マルグリット・ゴードン

ヴァン・ハンクスと悪魔

この物語は、テーブルマウンテンにかかる「白いテーブルクロス」のよく知られた由来譚の別バージョンで、またの名「嵐の岬」をまだ帆船が巡っていたころのケープ村がオランダ植民地だったことを踏まえています。アンナリ・ヴァン・デル・メルウェの再話でお届けしましょう。

むかしむかし、テーブルマウンテンに寄りそう民家がほんの一握りだったころ、テーブル湾に大きな帆船がやってきた。

じきに、はしけが山盛りの人々を乗せてきてね。魚売りに果物売り、農夫にりっぱな身なりの金持ち連中、ケープ城のラッパ吹きまでわざわざ出てきてたよ。だれもかれも好奇心でいっぱいだ。だって、そんな大きな船なら珍しい船荷とか、何かしら面白い話のたねが必ずあるもんじゃないか。

船客たちは、渡し板が陸地にかかるのを待ちかねてぞろぞろと出てきた。ちょっと足元がふらついてね。だって海に何週間もいただろう、固い地面の感じをすっかり忘れちまって。今回の船荷には大して目ぼしいものがなく、なあんだと波止場の群衆が散りかけたところへ、りっぱな胸板のたくましい大男が甲板にあらわれた。とたんに人ごみがざわつき、「ヴァン・ハンクスだ！」と、だれかが息をのんだ。

「けどさ、今のあいつを見ろよ！」と、声があがった。「この前見たときは下っぱ船員だったぞ。それが今はどうだ？　ごたいそうなあの身なりを見ろよ！　あのみごとなサテンのベストを！　あんなの、だれが思いつくんだ？」

ヴァン・ハンクスはポーターたちに手荷物を甲板まで運び出させ、自分は片側へよけて立っていた。ばかでかいスーツケース三つ。それに、いつも手が届くところに小さな木のチェストがひとつあって、絶対に目を離さない。大男の船乗りは帽子をきっちりかぶって人をかきわけて進んでいく。脇見せず、まっすぐ前を向いてね。

「うわさはほんとだったんだ」人ごみのだれかが言った。「あいつは海賊になったって。あのチェストの中身だけど、ぶんどったお宝で決まりだろ？」

小走りの荷物持ちどもを引き連れたヴァン・ハンクスは交易団の行列のただ中に埋もれた。ただし立ち止まろうとはせず、いかにも用がありそうな急ぎ足で、風の吹きすさぶテーブルマウンテン方面へ向かう。そこの山腹にへばりついた集落の一軒がやつの家でね。

その日をさかいにケープタウンの街ではヴァン・ハンクスをめっきり見かけなくなり、

波止場にはまったく出てこなくなった。海賊時代に青い大海原で襲った相手のだれかが、いつか船でやってきてばったり会うのがこわいんじゃないか、さもなきゃ昔の飲み仲間に酒代をせびられやしないか、昔の行きつけの安酒場にまた誘い込まれやしないかと心配してるんだろうって話だった。

実際はどうかというと、ヴァン・ハンクスは風の山のいただきにあがってって、そこから鋭い目で入江と港を見張るのを日々の楽しみにしてた。そこに何時間でも立って、愛用のしんちゅうの船乗り用遠眼鏡で、はるか遠くをじっと見ていたよ。

やがて遠眼鏡をおろすとね、超特大の火皿の曲がりパイプを出してのんびりとくゆらし、白いけむりの雲を次から次へと吐いたんだ。そうしてしばらくすると、海から帰ったあの船乗りのことはだんだんと忘れられていった。ある日、ヴァン・ハンクスはいつものようにテーブルマウンテンのいただきに座りこんで、遠眼鏡とパイプを相手に時間をつぶしていた。そこで、背後にだれか立っているのにふと気づく。勢いよく振り向けば、黒いとんがり帽にこぢんまりした黒いあごひげの男が立っていた。港近くの酒場をはしごしていたころの飲み仲間かな、なんだか見覚えがある顔だ。ヴァン・ハンクスは身構えたが、いざ口をきいてみれば、すごく礼儀正しい男だった。「こんにちは、ヴァン・ハンクスの旦那」とていねいに話しかけられてね、それで警戒を解いておしゃべりに応じた。そいつの名前を聞くのを忘れちまってさ。なにぶん人と話すのはずいぶん久しぶりで、しゃべりだすと止まらなくなっちまった。正体不明の男は立ったまま聞き役をつとめながら、細めた目をそらさない。そろそろ夕暮れというころに「おやすみなさい」と言うなり、どこへ行ったか気づく前にふいと闇に消えちまった。

数日後にヴァン・ハンクスがまた山のいただきにいると、黒いとんがり帽に小さな黒ひげのあの男がまた不意をついて背後にあらわれた。「今日はごきげんいかがですか、ヴァン・ハンクスの旦那？」

「おかげさんで上々だよ」ヴァン・ハンクスもそう応じ、またもやしゃべってしゃべってしゃべりまくったが、今回は自慢話だったね。自分がいくつ海を渡ってきたか、どれほどのお宝を手に入れ、何樽のラム酒を持ち帰ったかをさ。

見知らぬ男は聞く気まんまんで乗ってきた。一言も口をはさまない。合いの手にうなずくくらいで、そうして夕暮れになると、またもや来た時のようにすっと消えた。

次の時はとんでもなく暑い日で、ヴァン・ハンクスは遠眼鏡をのぞくのもおっくうになり、山のいただきでただパイプをふかしていた。「ヴァン・ハンクスの旦那」そこへあの見知らぬ男の、もうすっかりおなじみの声がふいに横からかかった。「ごいっしょにパイプをやってもかまいませんか？」

絵／ディーク・グロブラー

ヴァン・ハンクスは顔をしかめた。だって、ひとりでやるほうがいいからさ。自分専用のパイプタバコは特に強くてくらっとするし、ケープタウンでいちばんみごとな輪っかを吹けるくらい濃いんだ。

「あんたがよければ」しぶしぶ応じた。

見知らぬ男は自分のパイプ――すごくおしゃれな細身のクレイパイプだ――にタバコを詰めて火をつけた。驚くほどいい香りだ。だが、じきにヴァン・ハンクスは気づいたね、そのパイプからの輪っかは自分のよりはるかに大きいって。それでうんと深呼吸して、前にもまして熱心にふかしにかかった。

相手も同じようにした。ヴァン・ハンクスの広い胸板が派手にふくらんでは上下する。やがて、やり返す気まんまんでパイプを詰めにかかった。幸い、携帯用のタバコ入れはその日の朝に詰めたばかりだ。

男もあとに続くが、詰め替えタバコの出どころがヴァン・ハンクスにはわからない。ふたりで一服また一服と競ううちに、あたりに漂う白い煙がもくもくと大きく濃くなる一方なのはわかっていたが。

「パイプを交換しようじゃないか」とうとうヴァン・ハンクスが申し出た。男はいったん手を止めて、目を細めた。「いいですとも」と、白いクレイパイプをさしだす。

ヴァン・ハンクスのほうでも自分のパイプの大きな火皿にこれでもかとタバコを詰めて渡した。

相手のパイプに火をつけて、思い切り吸いこむ。だが何ごともない——ぜんぜん煙が出ないのだ。怒って相手に向く。「こんなのずるいぞ！」

だが、男は何も言わない。口がきけないいんだよ、ヴァン・ハンクスのパイプを思いきり吸っちまって。おかげで顔がいったんまっ白になり、みるみる変なふうに青ざめた。

「どうした？」ヴァン・ハンクスがそわそわとサテンのチョッキをなでつけながら声をかけた。ところが男は何も言えない。今度は顔を紫にして、小さな細い目をかっとひんむく。むせればいいんだが、しゃっくりさえ出ないありさまだ。

「まてまて——手伝わせてくれよ」ヴァン・ハンクスは言うなり、やつの背を思いっきりどやしつけた。

だが、手伝うどころか、その一撃でやつの黒いとんがり帽子が吹っ飛んじまってね。とたんにヴァン・ハンクスはゾッとした。男の黒髪から突き出ているのは、とがった小さな二本の角じゃないか！

「この悪魔め！」ヴァン・ハンクスが大声を上げる。「サタンの子だったのかよ！　おまえのパイプを返すからとっとけ！　こうなったら、ひとつふたつは思い知らせてやる！」

悪魔は白いクレイパイプを受け取り、ヴァン・ハンクスも愛用の大きな曲がりパイプを取り戻した。それからは双方本気でふかし始めたね！　悪魔がどうやってあのパイプから煙を上げるのかなと、初めのうちこそ不思議がってたが、じきにその煙が広がってテーブルマウンテン全体を包み込んだ。それでも、ヴァン・ハンクスも悪魔もまだまだ降参する気はない。一日また一日と座りこみ、街のはるか上にそびえる山のいただきで煙を上げ続けた。

その吸い比べは一年また一年と続き、テーブルマウンテンは「悪魔の峰」の名で知られるようになり、たかだか民家数軒だったふもとの集落はしだいに小さな町になった。あのふたりがわずかに一息つくのは冬場だけでね、座りこみには寒すぎるから。その時期の悪魔はねぐらに戻るんだ、悪魔好みの暑さだからね。だが、ヴァン・ハンクスが冬ごもりをどこで過ごすかはだれも知らない。ケープタウンがまだオランダ領だったころから、あったかくなった夏の初日にあいつを間近で見かけた人間はひとりもいないからさ。だけど風の強い日に悪魔の峰から白い雲が流れだしてテーブルマウンテンを覆うようになると、みんなはいまだにあの山を見上げてこう言いあうのさ。「ああなるほど、今日はヴァン・ハンクスと悪魔が本気出してるところなんだな」

英訳　ダレル・ブリストウ＝ボーヴェイ

オオカミとジャッカルと樽いっぱいのバター

南アフリカ版のオオカミとジャッカルの物語は、フランドル地方の「ルナール狐物語」が源流で、何世紀もかけて南アフリカに溶けこんで土着民話に組みこまれました。このお話はピーター・W・グロッペラーの再話です。

オオカミとジャッカルは道を歩いていた。長い道だったので長く歩いていると、重い荷物を積んだ荷馬車に出くわした。とほうもない山積みの樽の重みで車体が悲鳴をあげている。「そういや、あんな樽を見たことあるぞ」と、ジャッカルが考えこんだ。「あんな樽にはな、バターがいっぱい詰まってる」

「うーん、バターかあ」オオカミは、よだれを垂らしそうな顔になった。「ぜひ、おこぼれにありつきたいねえ」

「いや、ぜひそうしようよ、古なじみくん」とジャッカルは言った。「こういうのはどうだい。あんたは道にじっと寝そべって、死んだふりをしてくれ。で、農夫に拾われて荷馬車にのっけてもらって走り出したら、上からこっそりと樽をひとつ落とすんだ。おれは道ばたの深い草むらに隠れて、なりゆきにずっと目を光らせといてやるから」

「いい考えだ」オオカミはいそいそと出ていって道に寝そべり、いくらもたたないうちに農夫がまん前に立ち止まった。

「ふうん」農夫は言った。「このオオカミ、ふりじゃなくて本当に死んでるかなあ」と、ムチをふるってオオカミをビシバシ打ちすえる。それでもオオカミはぴくりともしない。

「よしよし、これならちゃんと死んでるな。荷馬車にのせて戻ってから、あとで皮をはぐとするか」そんなわけでオオカミをバターの樽のてっぺんに放り投げ、荷馬車を出した。

　オオカミはぴくりともせずにしばらく横たわっていた。農夫がちょっとでも振り向いたら大変だからね。やがてのろのろと立ち上がった。いやあ、もうね！　やけにムチさばきが達者じゃねえか、あの農夫め！　まだ肌がヒリヒリするぜ。でもそんな痛みやつらさも、おいしいバターの匂いをかいだとたんに吹っ飛んじまったよ。オオカミはすばやく樽を荷馬車の荷台から転がして、あとから飛びおりた。すかさず、ジャッカルが深い草むらから嬉々としてあらわれる。

「よしよし、あの農夫にもいい勉強になっただろ、オオカミ？」深い草むらに樽を転がし入れながら笑った。「なくなったバターのゆくえなんか、あいつにゃ見当もつくまいよ」

「さあ、開けようぜ」とオオカミ。「待ちきれねえよ、おれ」

「はあ？　今すぐ食うの？」ジャッカルはさも驚いた声で叫んだ。「無理だよ、そんな！　できたてのバターなんか食べたら、死ぬに決まってるだろ。世間の常識だぞ。熟成を待たなきゃだめだよ！」

というわけで、二匹はバターの樽をその草むらに隠していったんひきあげた。

数日後に、オオカミは戸口の外で日向ぼっこをしていた。あのバターの樽が頭から離れない。そこへジャッカルが通りかかった。「おい、ジャッカル！」オオカミが呼びかける。

「どうだい、バターはもう熟成したかな？」

ジャッカルが言うには、「実はね、オオカミ、さしあたって今はバターより大事なことがあってね。女房が男の子を産んだんで、洗礼を受けさせないと」

「へーえ、そのおちびさんの名はなんて？」オオカミはぎょうぎよく尋ねた。

「呼び名はね、「口開けよしお」さ！」ジャッカルは答えて歩きだし——ちょっとおっくうそうに歩いてた、腹がふくれて邪魔なんだ。その午前中ずっと、腹いっぱいにおいしいバターを詰めこんでたから。オオカミは数日待ったがもう我慢できなくなり、ジャッカルを探しにいった。「おいおい、あのバターはどうすんだよ、ジャッカル」と詰め寄る。

「ああ、古なじみのオオカミ君か」ジャッカルはちょっと悲しそうな声で、「信じてくれないだろうけど。また子どもが生まれちゃってさ、洗礼を受けさせにいかないと」

「へーえ、なんて名前にした?」オオカミはちょっと興味をそそられた。だって、ジャッカルの初めての子の変てこりんな名にはずいぶん笑わせてもらったからね。

「うーん、「一のたが子」にしようかなって」ジャッカルはその午前中もたらふくバターを食べて、樽にはまった一のたがに届くほど目減りさせちゃってた。で、毎週毎週その調子でね。オオカミに同じことを訊かれるたびに、ジャッカルはずっと子どもらに洗礼を授けていく。二のたがお、三のたがお、四のたが子って具合にね。

やがて、オオカミは途方に暮れた。なにしろバターで頭がいっぱい、他は考えたくもない。寝たくもない、だってバターの夢しか見ないんだもの。

「心配すんなよ、古なじみのオオカミくん」ある日、ジャッカルが不意打ちで言いだした。「明日、バターを取りに行こうぜ。おれっちは最後の子にけさ洗礼してきたんだ」

「どうせ、七たが子とかだろ?」オオカミの物言いにはわずかにトゲがあった。ジャッカルの子の名前なんか、とうの昔に面白くもなんともなくなっている。

「違うよ」と、ジャッカル。「男だからね、「底也」ってんだ」

翌朝のジャッカルは約束通りやってきて、二匹でバターの樽の隠し場所に向かった。

「あのな、古なじみのオオカミくんよ。あのバターは今が食べごろで、すごくうまいぞ」ジャッカルが言う。

絵／ニコラース・マリッツ

「ああ」オオカミはわずかに早足になった。

「これ以上ないほど熟成してきてるからな」とジャッカル。

「そう！　そうとも！」オオカミはそう言うなり、バター樽めざして走りだした。

「あーああ、もう口の中でとろけちゃいそう」と、ジャッカル。

だけど、オオカミは返事どころじゃない。口の中は唾でいっぱいだ。ようやく樽にたどりつき、ふたを開ける。中は空っぽだ。

「そんな！」ジャッカルが息を呑む。

「そんな！」オオカミが息を呑む。

「おまえか！」と、ジャッカル。

「おまえか！」と、オオカミ。

ブルーハッハー、フラバルー！　じきに大げんかになり、言葉と毛皮があたりかまわず飛び散った。

「その鼻面をひっぱたいてやる！」

「きさまの耳を引きちぎってやるぞ！」

オオカミはげんこつで左フックを食らわそうとしたが、ジャッカルにすかさず一歩引いてかわされた。「おい待て待て、待ちなって、オオカミ君！」と、ジャッカルにすばやく止められる。オオカミはジャッカルよりはるかに大きくて強い。ケンカになったら、どちらが不利かは言うまでもない。「まあ待ちなって」また言うと、「ここで双方なぐり合って、黒だの青だのに色づけしたってしょうがないだろ。ここは犯人がだれかをつきとめようよ」

「おまえだろうが！」と、オオカミ。

「おれは、あんたかなって」ジャッカルはあくまでおとなしく、「だからさあ、そこの日向に寝っころがってさ、どっちの口から溶けたバターが垂れるかを確かめようよ。そうすりゃ、どっちがやったかはっきりするだろ」

「なら、やったほうは全身くまなくムチでぶちのめしてやるぞ」オオカミは「やったほう」にはっきり目星をつけて言ってやった。

「もっともだ」と、ジャッカル。

二匹は日向に寝そべり、オオカミはすぐにいびきをかいた。そのすきにジャッカルはそうっと起きて樽底から最後のバターをかきだし、オオカミの鼻面に塗りつけた。それからまた横になって寝た。

ぐっすり寝て目をさまし、二匹とも気分よくのびをした。

「おれの口は汚れてない」ジャッカルは満足そうだ。

「おれの口はバターだらけだ！」オオカミは愕然とした。

「さて、そうなると、これからやるべきことは決まったな」ジャッカルはムチに手ごろな枝を折りとった。

「寝てるさなかにここへきてはバターを食べたんだろうな、おれ」オオカミはしょんぼりと打たれる姿勢をとりながら、がっくりして言った。「だって、これっぽっちも覚えがないんだ」

でも、ジャッカルの返事はない。肩慣らしをしてから、オオカミを全身くまなくぶちのめすのに忙しかったのさ。

英訳　ダレル・ブリストウ＝ボーヴェイ

雲間の姫

フィリス・セイヴォリーの再話によるこのスワジ民話では、ウサギが魔力で人間に変身します——ウサギの話には珍しいできごとです。

ウサギは作物のかっぱらい常習犯で、いつも狙う土地で族長の飼い犬に二度ほどあやうく殺されかけ、いつかは逃げ切れなくなるんじゃないかとびくびくしていた。

「自分が食べる分ぐらいは自分で作らないとだめか」と、やぶの陰でぐったりと肩で息をしながら、必死で逃げ切ったばかりの心身を少しでも休めようとした。足の速い犬どもが一瞬見失ったすきに、意表をついて後戻りしたおかげでなんとか出しぬけたのだ。

朝になるとさっそくクワをかついで森へ行くと、うまく隠れた肥えた土地を選んだ。そこを開墾し、よく耕して草地の土をほぐす。日暮れになると、くたくただが満ち足りた気分で、ちっぽけなねぐらに戻ってきた。

「明日はトウモロコシとカボチャの種をまくか」前にかっぱらってきたなけなしのトウ

モロコシを煮ながら決める。「さもなきゃ、いつかはあのおっかない犬どもにやられそうだ」

その晩はよく眠れた。夜が明けて自家製ビールで朝食を流しこむと、ウサギはさっそく自分の畑へ行って種まきをすませた。これでよしと気がすむまでやってから、柴を刈ってきて鹿よけの柵を畑のまわりに作っておいた。

さいわい、お天気にも恵まれて作物はよく育ち、とりいれが近づくにつれてトウモロコシの穂は太り、カボチャもまるまるとしてきた。

ようやく初めてのとりいれを迎えた。汁気たっぷりのトウモロコシを焚き火で焼きながら、命がけで族長の畑で何度もトウモロコシ泥をするなんて、われながらバカをしたもんだとつくづく反省したよ。

ところがある朝、夜中にトウモロコシの実をつついて荒らすやつがいると気づいて困ってしまった。泥棒が出入りした証拠に、見慣れない鳥みたいな足跡がある。

「この泥棒鳥どもめ、罠を張ってやるぞ」ウサギはつぶやいた。「それにしても変だよな あ、鳥のくせに、夜にくるなんて」

ウサギは族長の牛たちの牧場へ出かけていき、牛番の子らが寝てしまうまで待って、牝牛の一頭からふさふさした黒いしっぽの毛を数本抜いた。

その毛を畑に持ち帰り、凝った輪の形に結わえて地面にしっかりと打ちつけた。その上で、毛が目立たないように軽く土をまいておく。

こうして罠を仕上げてから、いったんねぐらに戻った。さて泥棒を捕まえてやるぞ、ってわけだ。

早起きして畑に行ってみれば、嬉しいことに羽ばたきが聞こえるではないか。柵ごしに目をやると一羽の鳥が罠にかかり、たくさんの鳥がやきもきしながら空の高みを旋回している。

罠にかかったこの鳥ほど、美しい生き物は見たことがない。極彩色の虹のようで、片翼に長い漆黒の羽が生えている。

「おれの菜園を荒らすとはいい度胸だな、おい」じたばたもがく鳥を、ウサギは手荒につかんだ。「埋め合わせに、どうでも今夜はごちそうになってもらうぞ！」罠の結び目をほどき、仲間の鳥たちが頭上をぐるぐる回るのをしりめに捕らえた鳥を家まで持ち帰った。

さて、そいつを締めようかという段になって、まずは翼のあの黒い長羽を抜いてねぐらの屋根に飾り、他の泥棒鳥どもへの見せしめにしてやろうと思いつく。ところが長羽を抜いたとたんに鳥の姿は消え、かわりに美しい乙女が目の前に立っていた。

「お願いですから、わたしの魔法の羽を返して」涙ながらに声を上げる。

「やだよ、そんなの」ウサギは答えた。「みすみす逃がすには惜しい美人じゃないか。あの羽を返そうもんならまた鳥になって、仲間んとこへ飛んでくつもりだろ。あんた、どこの人？」

「わたしの生まれた国は雲間の世界です」美少女は答えた。「そこの王さまが父です。わたしはそのひとり娘で、あなたの小屋の周囲をうろうろしているのは鳥の侍女たちです。わたし抜きで父や母のもとに帰れば、どんな目にあわされるやらと怖じけづいているの。どうか放してください！」

だけどね、ウサギにその願いを聞き入れる気はさらさらない。かえって、小屋のわらぶき屋根に魔法の羽を隠しちまった。

おかげで、雲間の姫はウサギの家にずっといるはめになり、ウサギのほうでも美しい捕虜にせいぜい親切にしてやったよ。そのお礼に姫は小屋を掃除してやり、いろんな家事を引き受けてくれた。やがてふたりで暮らすのがごくあたりまえの幸せになり、何週間もたつうちに、雲間の姫は自分を捕らえた相手を好きになった。

ある日のこと、姫はウサギにこう持ちかけた。ねえ、魔法の羽を返してくれれば、わたしみたいな人間の姿に変えてあげるわ。初め、ウサギは信じなかった。そうやっておれをだまして、それっきり飛んでっちまおうって魂胆じゃないのか。

絵／ピート・グロブラー

だけど姫がきっぱり言い切るからね、ちゃんとあなたを愛してる、あなたなしで雲間の世界に帰ったりできないって。それでとうとう羽を返してやった。

姫がその羽でウサギに触れたとたん、どこの王子かというほどの美青年に変身し、その場で姫に結婚を申しこんだんだよ。

姫もすぐ承知した、ただし、結婚したことはよそへ漏らすなって条件つきで。だってね、この小屋によく回ってくる鳥乙女たちの口から、地上の男との結婚を父王に知られようものなら、雲間の故郷から永久追放されちまうだろ。こうしてふたりは夫婦になり、ちっぽけなあばらやで幸せに暮らしたんだ。

雲間の王は鳥乙女たちを何度も使いによこして、帰っておいでと娘を説き伏せようとした。だけどずっと断られ通しだったからね、こうなったら姫の心を奪った男を殺してしまえと命じた。このために鳥乙女らに、地上のキツツキやネズミと親しくなっておけと言い含めたよ。言いつけ通りに仲よくなった上で、キツツキに森から毒を集めてこさせ、ネズミにはこっそりあの小屋に忍びこんで、姫の恋人の食事に毒を入れさせる手はずになっていた。

小さな一羽と一匹はこのたくらみを引き受け、王子と美しい妻に信用されようと小屋近くにたむろした。だけど、じきに王子と姫を好きになり、どたんばで雲間の王の頼みを断った。

雲間の姫は最愛の夫と幸せに過ごしていたが、故郷の国や民にもう一度会いたいという気持ちがしだいにつのってきたんだ。

「お願いだから、あの魔法の羽をちょうだい」ある日、夫にそう頼みこんだ。「そうすれば、あなたとふたりで天空の雲間の国に行けるから。あなたに会えばみんなが結婚に賛成し、父王だって婿として認めてくれるかもしれないわ」

夫はこの頼みを断れなかった。だって、これまでいい妻でいてくれて、信じる心が芽ばえていたからね。それで隠し場所から出してきたあの羽を、妻は地面に植えたんだ。すると羽はたちまちずんずん上へ伸びていき、雲を貫くほどになった。ふたりは仲良しのキツツキとネズミにも声をかけ、長い羽づたいに空へ登っていった。先頭は王子、お次は姫、それからキツツキ、最後にネズミの順番でね。

雲を抜ければ、行く手に巨大な壁が立ちはだかる。羽の先っぽが触れた場所にトンネルが開いてるんだけど、すきまなく大きな岩が積んであって通れない。「さて」と姫が言う。「難関はこれからね。父の国へ出る岩を動かす隠しからくりのありかは、わたしの腹心の鳥乙女しか知らないの」

「ぼくなら、どんな小さなすきまも見落とさないよ」と、ネズミが言う。「見つかるまで、この岩場のあたりを回ってみるね」トンネルの口を何周もぐるぐるして、なんとか隠しからくりの糸口をつかもうとしてくれたのだが、いくらやってみても、ネズミの鋭い小さな歯も立たないほど、すきまなく完璧に合わさっていた。

「わたしにやらせてみて」キツツキが申し出た。「だって、わたしはこのくちばしで幹をつついてなんとか生きてるんだもの。隠しからくりのありかを聞き分ける耳だってあるし」強力な小さいくちばしで岩をつつき、トントントンと音をたてて岩の表面をまんべんなく調べていく。

「ははあ、きっとここね。この場所の奥だけ、うつろな音がするもの」鋭いくちばしで慎重に探っていき、ようやく見つけたのは壁と同じ灰色の石でできた、目に見えないほど小さなからくりだった。それがゆるむまで慎重に回して引っぱる。そこで引き抜くと岩の戸が脇にはずれて開き、緑の木々が茂り、川が輝き、牛がのんびり草をはむ美しい土地が見えた。

「ようこそ、わが父の国へ」姫は王子に言うと、美しい土地の案内役をつとめてくれ、まもなくりっぱな民家や家畜小屋の並んだ大きな村にたどりついた。思いがけず姫さまがお帰りだというので、雲間の民は大喜びだ。が、挨拶もそこそこに、「それにしても、そなたが連れてまいったこの者はなんだね」と父王に尋ねられた。

「地上でできた友ですわ」姫が答えた。「しだいにこの人を好きになりましたので、夫にしたいと存じます」

「なんのたわごとだ」雲間の王は怒った。「雲間の者が地上の者と結婚したためしはない。この者はすぐさま故郷に帰せ」

それでも姫は聞き入れず、いとしい人を追い出すのなら、わたしもろとも永遠に追放してくださいと言い放った。「この人には世のどんな男にもまさる知恵があります。お父さまの婿として、ぜひ温かく迎えてくださいませ」

娘の覚悟を見た王は、「しばらく、この者を客人として迎えよう」とは言ったものの、不慮の事故に見せかけて地上の人間を始末してやれともくろみ、歓迎のごちそうを用意せよと命じた。

ネズミは美食家だからね、おいしい匂いにつられて厨房に入りこみ、床に落ちたごちそうを拾い食いしていた。それでも目と耳は鋭いからさ、王の意向で地上の者を毒殺すると料理長が話しているのを聞いてしまった。それで慎重に観察し、大皿料理がすべて仕上がったあとで、一品だけ脇へよけておくのを見届けた。そこへ王のお抱え魔術師がやってきて、その上に白い粉を振りかけた。

ネズミはすぐさま王子のところへ駆けつけ、肩にのぼってきてささやいた。「きみ、殺されちゃうよ！　今日はなんにも食べちゃだめだよ」それから厨房で見聞きしたことをすっかり話してきかせた。おかげで王子は命拾いしたんだ。

王は計画失敗できげんを損ね、魔術師長を呼び寄せた。そうしてだれにも奸計を聞かれないように、密談に使う大樹の陰で話し合った。

「このたびはそなたの術で、わが国と隣国をへだてる地平線に広がる大平原に大粒の雹を降らせよ」王は命じた。「姫の恋人を大平原に遣わし、雹で打ち殺すつもりだ」

王は気づかなかったが、その木の高みでキツツキが日向ぼっこしており、鋭い耳で一部始終を聞いて何やら計画を立てていた。

あくる日そうそう、王は王子を呼び出した。「大平原の向こうにある隣国への使者になってほしい。われらとともに暮らすつもりなら、周辺の民のことを知っておいて損はないぞ」

王子はその次の日の朝に出発した。だが、大平原を半分がた行ったあたりで不穏な暗雲がわだかまり、激しい稲妻とともに雷がとどろいた。

「もうおしまいかも」と思ったとたんに、大きなギザギザの氷塊となった雹が降ってきた。だが、雹が王子の頭を打つより早く、姿を消して追いかけてきたキツツキが魔法の翼でかばってくれた。キツツキは王子に「地面に伏せて」と声をかけ、頭上からの災いから守ってくれたんだ。

嵐が過ぎてしまうと、王子はぼんやりと立ち上がった。どこもかしこも見渡す限り荒れはてている。ただし地面をえぐるほどの雹害だったのに、王子には傷ひとつない。

無傷で帰った王子を見て、王さまがどんなに怒り狂ったかは想像がつくよね。魔術師全員を召集してね、「王子をたたえる狩りをしなくては」と、ようやく話がまとまった。「弓矢つきで狩人をたくさん集めれば、だれの矢に当たって王子が死んだかなんて、わかりっこないだろう？」

またもや木の高みにとまっていたキツツキが、その悪だくみを聞いてたんだね。キツツキはすぐ魔術師長の家に飛んでって魔法のお守りを準備してくると、それを首にかけておけ、そうすれば矢が当たらないからと王子に教えた。

狩りの当日になると、おおぜいの狩人が王のほうび目当てに王子を殺そうとした。だが、いくら狙いをつけても矢は当たらずじまいで地面に落ちてしまう。王子はやっぱり無傷で戻ってきたんだよ。

「ねえ、きみ」王子はその晩、雲間の姫にこう話した。「お父上はおれを殺すまでは手をゆるめやしまいよ。だから、おれはそろそろ地上に戻ろうと思う」

「あなたという夫なしに生きたって、なんにもならないわ」姫は言った。「わたしはあなたと地上に戻ります」

　そんなわけで深夜になってみんなが寝静まったころに、王子と姫とキツツキとネズミは雲間の国からの出口にこっそり向かった。姫があの魔法の羽をはるか下界めがけて投げ、王子の小さなあばらやの戸に命中させる。それからみんなで降りていったのさ、雲間の国から永遠におさらばしてね。

「なんでも望みを言ってごらん」キツツキが王子に教える。「そうすりゃ、あんたがかけてる魔法のお守りが叶えてくれるわよ」

「いちばん大きな願いは、おれの妻にふさわしい安住の地だな」たちどころに美しい村があらわれ、王子を王と慕う臣民がぞくぞくと集まってきた。おだやかな目の牛どもが緑の牧草地に膝まで茂った草をもぐもぐやり、乙女らの一団を率いたしわくちゃの優しい老女が、姫を王の住まいに案内していく。

　王子の次の願いは、ネズミとキツツキを人間の姿に変えることだった。そちらもあっさり叶い、王子と雲間の姫の婚礼の宴が開かれた。ネズミは侍従長になり、四人の仲間は賢明に民を治め、そろって実り多い老後を迎えるまで幸せに過ごしたということだよ。

水場のぬし

アフリカ民話でおなじみの、ヘビの治癒力を描いた中央アフリカの物語。このお話はダイアナ・ピッチャーがズールーランドを舞台にして再話したものです。

遠い国に大きな湖があった。湖のはしには小さな裂け目があり、そこから水が平原へと落ちていく。流れは岩がちな峡谷をつらぬいて崖を落ち、茶色の大地と緑の草原を流れ流れた末に、大岩三つにせき止められるのだ。

川はいつまでもくるくると回り続け、出口を求めてやまない。回るほどに流れを速め、やがては大きな渦巻となり、いろんなものをとらえて吸いこむようになる。ゼブラウッドの赤や金の落ち葉を、水面を飛び回るブヨを、水辺に甘く香る白い花にはたはたと寄りつくチョウを。

渦巻の底には銀色の大きなニシキヘビが輝くとぐろを幾重にも巻き、水面をはじく日ざしに蛇の目をまたたかせている。ちろちろと舌を動かす恐ろしくも美しい銀の大蛇こそが、この水場のぬしなのだ。

　ただし、このヘビは普通のニシキヘビとはわけが違い、しっとりした冷たい蛇皮に癒しの力を宿していた。触れれば男女問わず、痛みでも病気でもなんでも治してしまうのだ。ヘビのねぐらの水底までわざわざやってくる度胸があれば、それこそだれでも治してもらえる。

　ンゴサは水辺に座り、荒れ狂う渦に見入った。なめらかな褐色の肌を太陽が照らし、震える体を温めてくれる。ンゴサの母は病気だった、重病だ。助けを求めなければ、母親が死んでしまうのはわかっている。だけど、あの暴れる水の底にもぐっていって銀色のニシキヘビに触れ、黒い蛇の目をのぞきこんでちらつく舌に近づくと思うだけで、この暑いさなかに全身が震えてくる。ンゴサは怖かった。

　水底のニシキヘビはンゴサを見上げて美しい娘だと思い、ニシキヘビを怖がっていると気づいて、なんとか慰めてやりたくてたまらなくなった。

　そこへンゴサの背後から大声が聞こえ、振り向けば妹が野原を走ってくる。

「ンゴサ！　ねえ、ンゴサ！」彼女は呼びました。「早くしてよ、このままじゃ母さんが死んじゃう」

　そこでいろんな思い出が、いちどきにンゴサの記憶に蘇ってきた。水辺でワニに引きこ

絵／タムシン・ヒンリックセン

まれかけた時は自分をなぐさめてくれ、一晩中そばにいて子守唄を歌ってくれた母の姿を。さそりに刺された時は何マイルも探し回って激痛を和らげる赤大根を見つけてきてくれた。赤ん坊の弟を盗み出そうとした毛深いヒヒの怪物を撃退し、大ひでりの飢饉では、自分のトウモロコシがゆをこっそり子どもたちに分けてくれた母の姿を。

ンゴサは荒れ狂う渦に踏みこんだ。その目の前でニシキヘビの舌が一度だけゆらいで止まる。ヘビが黒い目を閉じたころに手を伸ばし、しっとりと冷たい皮をなでた。それから手足で水をかいて水面に上がっていき、ニシキヘビにもらった癒しを早く母に伝えようと、野原を駆け抜けた。

その夜、血のように赤い満月が山の上にかかると、ニシキヘビは銀のとぐろをほどいて、ゆったりと水面へあがっていった。水面から顔を出したのは人間の若者だ。美しい顔をしゃんと立て、黒い巻き毛をきちんと整えている。精悍な茶色い目、腕も足も力強い。きっと族長の息子なのだろう。この世で最初に生まれた男がそうしたように周囲を見渡し、地上のよさを確かめた。

すたすたと野原を横切って半円形の家にやってきた。牛は家畜囲いで静かにえさを食べ、黒白ぶちの皮が月光を浴びて柔らかな絹の光沢を帯びる。母さんヤギは子ヤギを抱いていた。

「ンゴサ」若者がそっと声をかけた。「ンゴサ、きみの勇気がおれを救ってくれた。おれは水の魔女にヘビにされてあの水場の底に沈められたんだ。そのまま永遠に、日のあるうちはあの大渦を守り続けるはめになって。だが、きみの勇気のおかげで、夜には人間の姿に戻れそうだ。だから夜がくるたびに、勇敢で美しい者たちの前に出てきてもよくなった。ニシキヘビの姿をしたおれのところに来たくらいだ、きみはきっと勇敢だし、美しさも見ればわかる。さ、おいで」

外に出てきたンゴサに、族長の息子はミルク色に青と緑が混じったムーンストーンを銀に輝く月光の糸に通したネックレスをかけてくれた。だから日のあるうちのンゴサは、あの大渦のほとりで、ユグブという弓型の楽器できれいな曲を奏でている。ニシキヘビが人間の音楽を聴きたがるからだ。そうして夜にはムーンストーンのネックレスを首にかけ、水から上がってくる族長の息子を待っているのさ。

スルタンの姫君

願いを叶えるためにはまず謎を解かなければ、という話は世界中にあります。ケープタウンのマレー人居住区で採集記録され、I・D・デュプレシ博士の再話によるこのマレー・インド物語の主人公もごたぶんに漏れず、三つの謎を解かないと望むものが手に入りません。

マフムードというスルタンには、アリというひとり息子がいてね。マフムードは寄る年波でもう長くはないと悟り、アリを呼び寄せた。「わが子よ、わたしが召される前に、世継ぎにふさわしい知恵と勇気のほどを見せてほしい。この金と馬で世間に出ていくがいい。ただし一年以上は留守にするな。わたしももう齢だ、この世の見納めにその顔をまた見せておくれ」

で、いよいよ国境にさしかかると馬が弱って、数日で死んじまってね。そこからは足で旅するはめになったが、アリは気にしなかった。見知らぬ土地を気ままに歩き回り、森の木々や野生の生き物に出会ってこの世の美しさを目に刻みつけ、はつらつたる若さにものを言わせて楽しんでいたわけだよ。

そんなある日の午後のこと、にわかに天気が崩れてね。雨宿りさせてもらおうと、木立に囲まれた建物を探し当てた。近づいてみればそこはモスクじゃないか、とはいえ、他にだれもいない。なにぶんの荒れ模様で先へは進めそうにないから、その晩はモスクに宿を借りることにした。

そしたら、夜中に床が揺れるほどの騒音に叩き起こされた。そろりと起きて音の出どころをつきとめようとしたが、まっくらで何が起きているのかさっぱりだ。ドンドン、ガンガンと力まかせに連打する重い音の合間に、声を殺したやりとりがすぐ近くで聞こえる。うっすら明るくなってみれば、男ふたりがツルハシでモスクの床を掘り返し、アリの目の前でタイル張りの床下から骸骨を引きずり出していた。こんなの冒瀆だぞ！　アリはもう頭にきてね、剣をかざしてやつらに襲いかかった。

「悪事をやめろ、さもないと首をはねてやる！」と、どなりつける。

アリだけだとわかると墓荒らしどもはふてぶてしく居直り、「おまえにゃ関係ねえだろ？」などと口答えした。

「わたしはアリ。スルタン・マフムードの王子だ。たとえ父の国でなくても、こんなけしからん冒瀆を見逃すわけにはいかん！」

そう聞いて、賊どもは態度を少しあらためた。

「いやまあ、そりゃあ、けしからんかもしれませんがね。おれたちゃ、この男にやられたことをやり返してるまでなんでさ。生きてる時はずいぶん金を貸してやったのに、ひとつも返さずにくたばりやがって」

「それだけで十分な罰だろう？　亡者だって負債を思えば、おちおちしていられないとは思わないか？」

「そりゃそうでしょうけどね、だからって金を返すわけじゃなし」男の片割れがむくれた。「あいつに貸してやったばかりに、こちとら金欠でぴいぴいしてんだ。腹いせでもしてやんなきゃおさまらねえよ」

「こんなやり口の仕返しでは自分の魂に傷がつくぞ」アリはさとした。「まあ教えてくれ、その亡者の借りだが、しめていくらだ？」

「五百ですよ」

「その金をわたしが肩代わりすれば、お骨をきちんと墓に戻して元のように封印してやると約束してくれ」

金主どもはホクホク顔で承知した。でもさ、アリのほうは言われた通りの金を渡したら、すっからかんになっちまったんだ。

あくる日のアリは、ほがらかに歌いながら田舎道を歩いていた。馬には死なれ、文なしになっても全然へこんでない。だって、死者にいいことをしたんだもの。

そんなふうに晴れ晴れと歩いていたら、知らない男が後ろから追いついてきた。「あれ、おかしいなあ」アリは心の中で首をひねったよ。「ついさっき、後ろを見たらだれもいなかったのに」

だけど、いかにも人好きのする相手だったんでね、いっぺんで気を許したわけだ。

「ごきげんよう！」知らない男が声をかけてきた。

「や、こんにちは！」と、アリも挨拶したよ。

「ごいっしょしてもよろしいですか？」と尋ねられた。

「ああ、もちろん。どちらまで？」

「いえ、特にこれといった当ては。ラジャブと申しますが、しばらく旅の連れになってください」

そうしてふたりで歩いていると、まっ黒な山にさしかかった。

「おい、山があんなに黒いぞ！」アリはびっくり声になったね。「どう思う、よっぽどひどい天気なのかな？」

「いやいや」ラジャブが言った。「こういう色の山なんです。ふつうの山とはわけが違うんでね、ここは。くれぐれも不用意にひとりで近づかないように。なにしろ人呼んで「魔女のねぐら」というぐらいだから」

そこを行き過ぎると、焚きつけを運ぶ女に出くわした。道の向こうからくる途中で石ころに足をとられて膝をどうかしてしまい、一歩も歩けなくなっちゃったんだね。

「災難だね、お気の毒に」アリは言った。「何とかしてあげられないかな」

ラジャブはポケットに手を入れた。「ちょうど、そういうのによく効く軟膏がありますよ」

そいつを女の膝にすりこんでやると、たちまち痛みがとれた。

「お礼に何かさせてもらえませんか」女が申し出る。

「あんたさんの懐を傷めずにね」と、ラジャブが応じる。「もしよければ、かついでおられるその焚きつけから、ワラビを二本ほどもらっていきましょうか」

女はおやすい御用だとワラビを渡してくれたよ。それから焚きつけの束をかつぎ直して、ふたりに挨拶すると、そのまま別れたのさ。

「そのワラビをどうするんだい」と、アリは尋ねた。

「まあ、使い道がないとも限りませんよ」ラジャブが答える。

ふたりは日が落ちるころに見つけた宿屋で一泊することにした。夕食をすませ、宿の戸口に座って山地らしい爽やかな空気に当たって涼んでいると、旅の托鉢僧がやってきて、泊まり客に魔術を見せてくれた。

その托鉢僧はそんじょそこらの人じゃなくてね、操り糸もないのに人形を歩かすんだよ。泊まり客たちが腰をおろして見物するさなか、犬が人形の一体に飛びついて頭を食いちぎった。もう元通りにならないから魔術師はかんかんさ。この犬め、ばっさり切ってやると剣を抜くのをラジャブがなだめて、「ほっといておやり、犬畜生に道理なんかわかるものかね。そら、人形ならおれが直してあげよう。歩けるどころか、しゃべれるようになるよ」

と、あの軟膏の小壺を出し、人形の首と頭にすりこんでくっつけた。そしたらほんとに人形が歩き回ってよくしゃべるようになってね、托鉢僧まで少々怖くなっちゃったよ！

「このお礼はどうしましょう？」とラジャブにお伺いを立ててきた。

「あんたさんの懐を傷めずにね。でも、その剣をくださるのなら喜んで」

「その剣をどうするんだい」あくる朝いっしょに宿をたつとアリは尋ねた。

「まあ、使い道がないとも限りませんよ」ラジャブはそう答え、はるか遠くに大きな都の尖塔を見つけて、行ってみませんかと誘ってきた。ちょうど都の門前に出ると、澄みきった歌声が空から聞こえた。見れば、雪のように白い鳥が頭上を飛んでいる。

「あの鳥の歌を聞いてごらんよ、きれいだねえ」アリが感心する。

「ああ、いい鳥ですね。あの歌はね、ポエジという聖歌なんですよ」ラジャブが相槌を打つ。

その言葉が出るが早いか、白い鳥は死んで足元に落ちた。ラジャブが托鉢僧にもらった剣を抜き、鳥の両翼を切りとって袋に入れる。

「その鳥の羽をどうするんだい」アリは尋ねた。

「まあ、使い道がないとも限りませんよ」ラジャブが答える。

色とりどりの人々でにぎわう市場では、栗毛のたくましい馬で人ごみを抜けるうら若い美女にだれもが頭を下げていた。みんながその美貌に見とれている。

「馬に乗ったあの人は？」アリは手近な人に尋ねた。

「あちらはスルタンの姫君ですよ。この国いちばんの美人ですがね、残酷さもいちばんです。お婿さんになりたかったら姫の謎かけを解かないといけません。解けなきゃ殺されます」

「あの姫君は気に入った」アリはラジャブに言った。「残酷な人であろうと、心を奪われてしまった。あしたは宮殿に出向いて謎を解けるかやってみよう！」

「いいですよ」と、ラジャブ。「でも今夜は早く寝ましょう。姫の謎を解きたいんなら、頭が冴えてないとね」

絵／ロバート・ヒッチェンス

ラジャブは寝しなのアリの額に軟膏をちょっぴり塗った。「これでぐっすり眠れますよ」

アリは枕に頭をつけるが早いかぐっすりだ。ラジャブのほうは夜中前に起きだすと、あの鳥の翼をふたつとも肩にかけて右手にワラビを持ち、窓からスルタンの宮殿に飛んでいって庭に着地し、木陰に隠れて待ち受けた。

時計が真夜中を打つと、あの姫君が黄金の翼で宮殿の窓から飛びたった。すぐ後ろを飛ぶラジャブに気づかず、魔女のねぐらのほら穴へとまっすぐ飛んでいく。途中でラジャブにワラビで叩かれたのに、背中に雨粒が落ちたと勘違いして目もくれなかった。

ほら穴の戸を姫君がラッタッタッタッと叩くとね、戸が開いた。魔女は暖炉の前にいて、身の回りにこれ以上ないほどおぞましい化物を這い回らせ、体にものぼらせているんだよ。

「なにが望みだえ?」魔女が尋ねる。

「わたしの謎解きにくる者がとだえて、ずいぶんになります。みんな、謎解きはやぶさかでないけど死ぬのが怖いのね。そのうちにまたあらわれそうだけど、使い古した謎の答えが漏れてやしないかと心配で。だって、寝言でうっかり口にしたかもしれないでしょう」

「大丈夫さ」と魔女は言った。「だれか出てきたらね、その時のあんたに何が思い浮かぶのかを当てさせな」

「そうするわ。でも、そしたら何を思い浮かべればいい?」

「手袋にしなよ」

飛び帰る姫君のすぐあとをラジャブが追いかけ、またワラビをふるって叩いた。あとはまたベッドに行き、日の出までアリと並んで寝ていたんだ。

「今の自分に思い浮かぶのは何だと姫君に訊かれたら、手袋と答えなさい」アリには、宮殿に行く支度中にそう教えてやってね。

謎解きにあらわれたすてきな青年を姫君は一目で気に入り、この人が謎を解いてくれればと思いそうになった。だが、いざ本当に言い当てられてしまうと腹を立てて飛び上がってね、「だめよ、出直してもうひとつ当てなさい。そうやすやすと婿にしてたまるもんですか！」ときた。

ラジャブはまたその夜にアリをぐっすり眠らせると、真夜中に宮殿へ飛んだ。で、今度は姫君の両肩を打ちすえたんだけどね、打たれたほうはほら穴まで休まず飛んでったよ。

「で、謎解きはうまくいったかい？」魔女が尋ねる。

「正解されてしまったわ」

「へーえ、そうかい？」魔女が大声をあげる。「だったらよっぽどよく気をつけなきゃね、あの若造に婿の座を取られんように！」

「だから、絶対に解けっこない謎を教えて」

すると魔女が言うには、「今のわたしに思い浮かぶものは何だともう一度訊いておやり、今度はあんたがかぶってる金の冠にしてね」

すぐさまとんぼ返りした姫君を、ぴったりついてきたラジャブが後ろからワラビで打ちすえた。そして夜が明けるとアリにこう教えたんだ。「わたしに思い浮かぶものは何ですかと姫君が言ってきたら、こう言ってやりなさい。「あなたがかぶっている金の冠です」」

姫君はさも得意そうに父王と並んで座っていた。「今度こそ、あの人では正解にたどりつけもしないわね」ってね。だけど正しい答えを言い当てられて、まあ怒るまいことか。「もう一度出直してもらうわ」だってさ。「そう簡単にうまくいくと思ったら大間違いよ」

「謎解きは一度だけというお話でしたが」アリが答えた。「姫君たっての仰せですから、また出直してまいりましょう」

その夜のラジャブはまた姫君を追いかけ、肩から血が出て飛べなくなるまでさんざん打ちすえた。

「今度こそ、この世の者では解けない謎を教えてちょうだい」姫君が魔女に言う。

「わかったよ」魔女は言った。「あたしの首を思い浮かべりゃいい。あいつごときに当てられるもんか」

飛び帰った姫君は自分の部屋でぶっ倒れちまった。なにしろラジャブのワラビに全身をこっぴどく打たれたからねえ。「あの化物のうちへ通うのはもうこりごり、二度と飛んでいかないわ」と、黄金の翼をズタズタに引き裂いちまったよ。

ところがラジャブは魔女のねぐらにとって返し、姫君をまねて、ほら穴の戸をラッタッタッタッと叩いた。

「お入り！」魔女が中から声をかけたが、だれも入ってこないから戸口から顔だけ出してね。

そしたら、待ちかまえていたラジャブが剣の一振りで首をすっぱり落として袋にしまい、あとは飛んで帰ってアリの隣で寝たのさ。

「この袋を持っておいでなさい」朝になると、アリにそう言ってね。「今の姫君が思い浮かべているものはと訊かれたら、袋の中身を取り出して見せたらいい」

その朝の姫君は父王の横でそわそわしていた。無理もないよ。肩が痛くてたまらず、謎かけすべてにうんざりしてたらね。

「今のわたしに思い浮かぶものは？」と、尋ねてきた。

黙っているアリに、首切り役人が斧をかまえる。だけど姫君の合図より早く、アリがあの袋から魔女の首を出した。

とたんに姫君は歓声をあげ、倒れこむように抱きついてきた。「もう謎解きはいらないわ。あなたを婿にします!」

スルタンも臣下も大喜びでね、さっそく結婚が決まった。ところがラジャブは、花婿の付き添いをアリに頼まれても笑顔でことわった。

「あなたが姫君と夫婦になって宮殿で暮らすころには、はるか遠くで安らかに眠っておりますのでね。こうして借りをすべて返したからには、正体も明かしてしまっていいでしょう」

「では、あなたは何者なんです? 借りとおっしゃると?」アリがびっくりする。

「前に、お骨を汚されないように守ってくださった男の亡霊ですよ。ごきげんよう、友よ。ご一緒できるのはここまでです」

それっきり、声をかけるひまもなく消えうせてしまった。

アリはそのあと父王のところへ帰り、今までのことをすっかり話して聞かせた。

スルタン・マフムードは息子ともども姫君の国へ出かけていって婚礼を見届けた。やがてアリに国を譲り、安らかな大往生をとげたんだよ。

英訳 マルグリット・ゴードン

王さまの指環

児童書の専門家ジェイ・ヒールがのびのびと語るこのお話は、壮大なモノモタパ王国（訳註：十五世紀から十八世紀のアフリカ南東部に栄えたバントゥー人の王国）はじめ伝説のアフリカ古王国の面影を感じさせます。

ある王さまがそれはそれは大事にしていた指環があってね、王さまの権威や力のみなもとはそれだった。ナイル川がもたらした黄金の土台に、コンゴ川がくれた銀を象嵌し、ザンベジ川のダイヤをちりばめた——という話だけど、正しい由来をちゃんと知る者はだれもいない。すごく強い力を秘めた指環で、だれでも身につければあらゆる命の危険から守られる。だからどれほど槍や斧を振りかぶった多数の敵に襲われようが、矢を射ちかけられようが、もちろんあの指環さえはめていれば、かすり傷ひとつつかない。

だから、王は肌身離さず指環をはめていたんだ。法廷でお裁きをくだすときも、終日ぶっ通しの宴席でも、ダチョウの羽根を敷きつめた専用ベッドで市街を運ばれていくときも、夜に王宮の寝室で寝るときでさえ外したことはない。

王は毎日、昼も夜も肌身離さず指環をはめていた。ただし沐浴儀式は別だよ。そのときは滝のそばにある澄みきった池に運ばれていくと、家来や王子王女やおおぜいの妃たちがそろって頭を下げ、見えない場所まで後ずさりしていくんだ。

王はみんなをさがらせてから、象牙と孔雀の羽根をあしらった金の冠を外し、金布と絹に宝石を縫いつけたマントを脱ぎ、黒檀とサイ皮のサンダルや、純白の麻のローブを脱ぐ。それから脱いだ服一式を秘密の場所に隠す。家来や王子王女はおろか、おおぜいの妃さえ思いつかない場所にね。

そして沐浴をすませしだい人払いして、まっさきにあの指環をはめる。それくらい大事にしていたんだ、アフリカきっての強い王になれたのはその指環のおかげだから。

ところがある日、池からあがって陽だまりに出てきたら、あの指環が見当たらない。当初の驚きのあとは心配をつのらせ、秘密の隠し場所内外を探し回った。指環はどこにもない。大勢の家来や王子王女や多数の妃のだれかが、隠し場所を見つけて盗ったのだろう。

王はかんかんになったが、気がかりもあった。もしも指環を見つけた者に多額のほうびをやると言えば、なくしたと触れて回るようなものだ。もう不死身ではないし、アフリカ最強の王でもないとわざわざ教えることになってしまう。

王は何日もくよくよした。寝室をうろつき、何時間も地面や空をにらんで座り、眠ることもできない。妃らはそろって悲しそうに頭を振り、王子王女らも近寄ろうとしない。そんな王を説き伏せて悩みを吐き出させたのは、お気に入りの妃だった。

妃はただちに、ザフザというお抱え神託官でいちばんの賢者の家に出かけた。ザフザは腕環をじゃらじゃらさせ、中庭にいた王のもとにぎらつく目で参上した。頭飾りの羽毛を揺らし、細く裂いた毛皮を腰みのがわりにして。まるで百本の尾と、羽を生やした豹のようだ。王から指環が盗まれたいきさつを説明してもらい、終始静かに耳を傾けた。

ややあってザフザはビーズのベルトにさげた革袋のひとつを開け、難題の答えを出す託宣用の骨一式を出した。

ザフザは砂の上に円を描くと骨を天に向けて構え、鋭い気合いもろとも落とした。砂の上で骨がかたちづくる文様をつぶさに見極める。やがて身を起こすと王を見た。

「指環は見つかります、陛下」と言う。「盗人は身近におります」

「やったのはだれだ?」王は問い詰めた。

ザフザがかぶりを振る。「じきにわかりましょう。魔法を使うまでもございません。木こりどもをお呼びください」

王はすぐさまその通りにし、ザフザは木こりたちにやってほしいことを説明した。翌日の夜明けに、少しでも指環を盗む機会のあった者たちが宮殿前の大広場に集められた。
玄関前の階段の上にあらわれた王は、おじぎする者どもをそこから黙って見ていた。それから手を叩いて広場の要所要所に衛兵どもを呼び出し、ぴかぴかの鋭い槍でその場のだれひとり逃げだせないようにした。そこへ小さなアーチをくぐってザフザがやってくる。両目を白くふちどり、体には奇妙な黒い文様を描いて、凄みがいっそう増している。そのあとからまっすぐな木の棒をどっさり抱えた木こりたちがやってきて、大広場の中央に棒を積み上げた。

ザフザは踊りながら棒の山の周囲を巡り、だれも聞いたためしのない言葉で呪文を唱えたので、棒に魔法をかけているのは小さい子にもはっきりわかった。仕上げに王の命令で、大広場に居合わせた者にもれなく一本ずつの棒が配られた。

「心せよ！」ザフザがどなる。「この棒には魔力がある。なくすなよ。今日は一日ずっとそれを持っておれ。明日の夜明けにここへ持ってくるのだ。日の出には見るべきものが見えるだろう」

魔力の棒か！　それにしては、あまりになんの変哲もない見かけに、みんなびっくりした。棒同士を見比べたが――どれも似たり寄ったりだ。太さは多少ばらつくが長さは同じだった。実際、きっちり同じ長さに仕立ててある。おかしなことがあるものだ！

絵／ニールズ・ブリッツ

衛兵が脇へよけると、家来どもや王子王女や妃らは退出を許された。王に背を向けては無作法にあたるので、もちろん後ずさりだ。だから王がお気に入りの妃を手招きで呼び寄せるのを、その場のみんなが見ていた。

御前にひざまずいた妃の耳に、王はこうささやいた。「盗人は捕まったも同然だな。あの棒が動かぬ証拠だ。盗人の棒は今晩のうちに指三本ほどよけいに伸びるだろう。だが、今わたしが言ったことはだれにも漏らすなよ」

王が彫刻飾りの扉をくぐって王宮に引っこんでしまうと、妃や王子王女や家来たちはひとりのこらずお気に入りの妃の周囲に群がって、さっき王が話していたことを教えてもらおうとした。さて、この妃はとても口の堅い女だった。だからおいそれと口外せず、特別な腹心ひとりだけにそっと教えた。そのひとりも信用できる女で、自分の母親と賢い老叔母にだけ話した。なのに不思議にも、その日の日没にはあの大広場に居合わせた者みんなに知れ渡っていた。夜明けまでに指三本分ほどよけいに伸びているのが盗人の棒だと。

いつものように、夜はひそやかにすばやく訪れた。夜明けを示す薄明かりがさしこむころ、大広場にはてんでに棒を持った人が集まってきた。しずしずと日が昇るころになってやぶからぼうにザフザが姿を見せ、ぴかぴかの槍を手にして群衆をにらんだ。王もダチョウの羽根を敷き詰めた専用ベッドでお出ましになり、王国の建築主任がものさしを持って脇に控えた。

　広場中のあちこちで棒が次々と測られた。どの棒も指の爪ほども伸びていない。だが、汗だくで落ち着きのない目の家来が持つ一本だけが、他のだれの棒と比べても、ちょうど指三本分短くなっていた。

「盗人が出たぞ！」ザフザが絶叫して派手に躍りあがり、槍を振り回す。

「捕まえろ！」王が声を張り上げて衛兵に命じた。「あいつをライオンに食わせてしまえ！」

　盗人は指環の加護さえたちまち忘れてしまい、膝をついて涙ながらに命乞いした。それまで隠していた手から指環を抜いて王に返し、また泣きながらお慈悲を願う。指環を取り戻した王はアフリカ最強の王に戻れて大喜びし、王家のライオンに朝食をやるのは勘弁してやった。

　盗人は赦免されたものの、ちょっとした罰は食らった。都の市街を走って三周させられ、三周とも子どもたちに追われて、あの棒をやりたいほうだいに活用されたのだ。

「よく見つけたな？」と、寝室で休息をとる王に尋ねられたときのザフザは、王の宝物庫から次々と運ばれてくる金貨の袋を見ていた。「おまえには指環より強い魔力があるのだろう」

「いえいえ、そんな」ザフザは言った。「前にも申し上げましたぞ、魔法を使うまでもございませんと。たったひとりの罪悪感をかきたてればすむのです。自分がやったのをよく知っておるだけに、夜の間に棒が指三本分伸びるというのを真に受けたのですよ。ならば伸びた分を切り落とせば、だれにも気づかれまいと考えたわけで」

そうと見越して持ってきた余分の羊皮に金貨の袋をまとめてくるむと、ザフザは王に一礼した。

「魔法にもいろいろございますよ、陛下！」

りこうな蛇使い

このモロッコ発祥の楽しいお話は、とんちの利いた蛇使いが主人公です。やはり三つの謎かけの答えを迫られます。

スルタン・ジャーディ——神さまのお恵みがありますように——は、りっぱな宮殿にいても退屈でしょうがない。それでお抱えバイオリン弾きのムハンマドを呼んでね。きれいな音楽を数日ぶっ通しで聴いたら笑顔が戻ってきて、気のきいた冗談が出るぐらいになった。だけどそれにもすぐ飽きて、気の毒なムハンマドの首をちょん切ってしまった。

お次にハープ弾きのユーシフが呼ばれた。でもね、ハープのぽろんぽろんもすぐ耳について、ハープ弾きも首をちょん切られてしまったよ。

ほかにもおおぜいスルタンの退屈しのぎや気晴らしに呼ばれたけど、なにしろ飽きっぽいからね。毎回すぐ飽きて兵士たちを呼び寄せ、ひきずり出して首をはねてしまえとくる。

スルタンのごきげんは悪くなるばかりでね、しまいに都中が震えあがった。お次は自分だろうか、呼ばれて数日でご用済みになったらどうしようと生きた心地がしない。じきにだれもが逃げだした。語り部や楽士や踊り手や手品師たちは、どいつもこいつも強大なスルタンの都から逃げてったのさ。

ところが、蛇使いのセラムだけはある朝わざわざ宮殿に出かけてって、おれにも何かやらせてくださいと大胆にも言ってのけた。そうして興味津々のスルタンの前に出ると、袋から何匹も這い出たヘビどもを笛であやつり、自分の両脚や首に巻きつかせたんだよ。

だけど、やっぱりスルタンは飽きっぽいからね、じきに早く終わらないかとじりじりし始めた。笛を吹く蛇使いなんかもう飽きたってわけだよ。で、晩になってセラムが笛とヘビをまとめて御前をさがろうとすると、こう言われた。「あのな、もうその笛にもヘビたちにも飽きた。だから首を切らせるからな」

「スルタンさま」セラムは言った。「そう言われちゃ、しかたありません。ですが、あと一回だけ機会をください。一回やらせてくだされば、あとはどうでもお好きなように」

「いいだろう」と、スルタン。「そうしよう。ただし、機会は自力でつかめ。あした、動物に乗りながら歩いてここにくれば、機会を与えてやる。これは命令だ。従わないならばっさりやるからな」

セラムはおじぎをして出て行った。スルタンは翌朝そうそうに正面テラスに出て、あの

絵／ジーン・フララヴ

蛇使いを待ち受けた。そうして開門したとたんに目をむいて絶句したね。セラムの乗り物は見たこともないほど小さなロバでさ、うんと小さいからセラムの両足が地面についちまう。だから、乗りながら歩いてくるわけだよ。

「よかろう」スルタンは言った。「条件はすべて満たした。ただし、これで終わりと思うな。首切り役人に引き渡されたくなければ、三つの質問に答えてもらおうか。第一問、天の星はいったいいくつだ？」

「スルタンさま」蛇使いは答えた。「天の星は、このロバの体の毛からしっぽの毛をさっぴいただけございます。なんでしたらご自分で数えてごらんください」

「よかろう」と、スルタン。「さて、教えてもらおうか。わしらは大地のどのへんにいる？」

「どまんなかです」

スルタンは笑いだし、さらに尋ねた。「わしのあごひげは何本ある？」

「このロバのしっぽの毛とぴったり同じです。おひげを切ってくだされば、ロバのしっぽも切ってさしあげますよ。ご一緒に数をつきあわせてみればよろしいでしょう」

とうとう、スルタンは降参した。「いやあ、やめておこう。おまえにはかなわん。どんな質問にも答えてしまうんだからな」

そう言うと、家来をどこかへ使いにやった。やがて戻ってきたそいつが、黄金のつまった袋をセラムの手に押しつける。

蛇使いはていねいに頭を下げると、あの小さなロバにまたがった。

そうして、りこうな男はまた正面テラスからスルタンに見送られ、ロバに乗って――同時に歩きながら――宮殿の門から出ていった。いやあ、とにかくほんとにちっぽけなロバでね、あんな小さいのはスルタンも見たことなかったってさ。

英訳　マーガレット・アウエルバッハ

悪魔の壜詰め

アレックス・ダンジェロ流のケープの昔話です。地獄の出張所を立ち上げるためにケープに送りこまれたツイてない下級悪魔アスモデウスを、みなさんにご紹介しましょう。

「アスモデウスを追い出したいんだが」ケープ総督は地元の長老に相談をもちかけた。

「あいつは問題児すぎて放置できん」

長老は笑いながらひげをしごいた。「でしたら、うってつけの筋に話を持ってこられましたな。不肖わたくしめは、これまで多数の小鬼や妖魔や砂漠の精霊を壜に封じてきました。もう一匹ぐらい、さほど手間でもございますまい」

総督は感心した。漁師が妖魔入りの魔法の壜を開ける話ならよく知られているとはいえ、考えてみれば壜から出すのはたやすいが、壜に入れるのはそれなりに大変だろう。

総督は長老と話をつけて特製の壜を作らせた。ぶ厚い緑のガラスに銅をメッキし、何ヶ所かは透けるようにしてある。長老にだって慈悲はあり、アスモデウスに窓のひとつやふたつくれてやってもかまわない。それに、封をしたままで壜の中を確認できたほうが、うっかり開けたらどうなるかがわかっていいじゃないか。

壜ができあがると、長老は熱湯につけて口を広げておいて安物の銅の指環を入れた。その上で自然にさませば、元の大きさに縮んだ壜の口からは指環が出てこなくなる。

長老はその壜を持って「悪魔の峰」の山腹をずっとぐるぐる歩き回り、泣きっ面で振ってみせては、指環を出そうとするふりをした。そのたびに、壜の口に引っかかった指環が騒々しくガラガラと音をたてる。長老の泣きべそガラガラは午前いっぱい続いて午後をだいぶ回り、ついにたまりかねたアスモデウスが地上に出てきて文句をつけた。

「そこまで！　もうたくさんだ！」と、どなる。「長老のくせに、そんなにガラガラ騒ぎやがって。どんな料簡なんだよ、おい？」

長老がさもさも驚いたように地べたに這いつくばる。「ああ、悪魔さんか！」で、何を言いだすかと思えば、「この壜に魔法の指環が入ってるんだよ。うまく取り出せれば、いろんな悩みが一気に片づくんでな。なのにほら、ちっとも出てこなくて！」

魔法の指環と聞いて、アスモデウスがコウモリ形の耳をビラッと広げた。そいつの力を借りれば、地獄のケープ出張所を楽に回していけるぞ。「もう、このアスモデウスさまがシャベルで石炭をくべたりしなくていいんだ」と考える。「真夜中にボイラーの火の番をしなくてもよくなる。そんなの、小鬼の一個師団を出してやらせりゃいいんだから！」「そいつをよこせ！」どなって壜をひったくる。「ああ、なんだ、その、おれが出してやるから」などと後から言いつくろってね。

アスモデウスは壜を持ち上げて狭い口をのぞいた。おお、あるじゃないか、たしかに指環が。壜を振ってみた。うーん、出てこねえなあ。長い指をつっこんでみた。とがった鉤爪で壜のガラス肌をなぞって釣り上げにかかる。カリリ、カリ、カリリ、カリ。途中まではわりとすんなり上がってくるのだが、最後の最後でうまくいかない。壜の口にぶつかってしまうのだ。

そうなると、道はひとつしかない。

「あれしかないな」アスモデウスは言った。「おれが壜に入って取ってくる。手にしてしまえばこっちのもんだ、いったん指環を消してから外に出てまた戻せばいい。そら、あんたはその壜を持って構えとけ」

自分は山腹を数ヤードほど後ずさって、壜の口によく狙いを定める。

「こういうのはさ、ちょっと助走をつけると気分が出るだろう」と打ち明けるが早いか、シュンッとリボン状の蒸気になって壜に飛びこむ。すると小さなアスモデウスが壜の中にポンとあらわれ、気合いもろとも指環を持ち上げた。

触るが早いか、指環に魔力なんかないのは一発でバレた。

「この壜の中にゃ、魔法のかけらもねえじゃねえかよ！」アスモデウスがぶつくさこぼす。

「いやあ、あるとも！」長老が高らかに宣言し、壜の口をコルクのふたでしっかり閉めた。

閉じこめられたと悟ったアスモデウスはかんかんになった。めちゃくちゃに壜に体当たりし、ガラスやコルクに跳ね返された。そのたびに長老の指にかすかな電気ショックが走ったが、アスモデウスがおとなしくなるまで、なんとか持ちこたえた。

「今度は何だ？」アスモデウスがわめく。ガラス壜にさえぎられて、かすかな虫の羽音と変わらない小さな声だ。

アスモデウスはまだまだ諦めが悪いが、壜に閉じこめられるのは初耳の話ではない。そんな不意打ちで百年や二百年閉じこめられた覚えのある上級悪魔なら地獄本部にはいくらでもいるし、壜詰め生活は独立独歩の精神を養うと言われている。

「だれかに出してもらうまではそこに入ってなきゃならん」と長老は言った。「あと、だれかに出してもらったら、必ず相手が死ぬまで仕えるのがきまりだからな」

「うちの本部のきまりじゃないぞ！」アスモデウスは憤慨した。「うちじゃ、ひきかえに願いを三つ叶えりゃすむんだ！」

「ま、そのへんは総督にかけあってくれ」と長老は言った。「これから連れてってやるから」

アスモデウスのほうは長老の山下りのさなかにひどく前後に揺すられながら、つるつるのガラスに必死でつかまっていた。おかげで、ようやく口がきけるようになるまでしばらくかかった。

「悪いこた言わんからやめとけ！」アスモデウスがわめく。「あの総督はおなじみさんだ。おまえなんか口封じに消されるぞ。おれを手に入れたが最後、最初にくだす命令はおおかたそれだろうよ」

長老は足どりをゆるめた。考えてみると確かに総督はヤバそうだ。今回の壜にかけた魔法の話を、本国の十七人会（訳註：オランダ東インド会社の最高経営会議）であれこれ取り沙汰されたくはないだろう。

長老はため息をついた。総督からは礼金をどっさりもらう約束だが、せっかく金があっても、命がなくては何にもならない。

「あれこれ考え合わせるとだな、おまえさんを海に投げこんだほうがよさそうだ」と、アスモデウスに言ってやった。「おまえさんを追い出せば、わしが総督に殺される口実抜きで礼金をいくらかせしめられそうだからな」

総督から金をせしめようという者がいると思っただけで、アスモデウスはしばらく笑いが止まらなくなり、海に投げこむという長老のセリフをのみこむまでに少し間があいた。

「おい！　ちょっと待て！」と吼えたが、悪魔入りの壜を抱えた長老の動きはやけにすばやく、もうそろそろ海辺だ。

「おい、だったらおれを外へ出しちまえばすむだろ？」アスモデウスがどなる。「総督に渡すつもりがないんなら、おれは用ずみだろ。だって見ず知らずの悪魔に金を出すやつなんか、他にいるかよ」

「出してやれば、わしを八つ裂きにする魂胆じゃろ」長老はしばらく息を整えると、波打ち際まで出てきて壜を振りかぶった。

「へーえ、ずいぶんな礼もあったもんだな！」アスモデウスはガラスをカリカリ引っかきながらも皮肉った。「総督に注意しろと教えてやって、命拾いさせたとたんにこれかよ！」

「ああ、大きにありがとさんじゃ」長老は重々しく言うと、なるべく遠くに壜を投げた。壜がざぶりざぶりと波に打たれるたびにアスモデウスは縮こまり、ゴムまりみたいに丸くなってほうぼうぶつかりながら引きこまれていった。

　できれば海面に浮いていたかったのだが、メッキした銅の重みのせいで、波の底へ底へと吸いこまれるように沈んでいく。

アスモデウスは水圧で耳が痛くなった。壜の中で聞こえるのはドシン、ドンドンとぶつかる鈍い音と、歯ぎしりの音ばかりだ。光がしだいに消えゆく寒い闇の中で、アスモデウスは膝を抱えこんで震えていた。

潮流が乱れたりイタチザメが壜にぶつかったりするたびに、冷えたガラス面に押しつけられる。

アスモデウスは景気づけに口笛を吹き始めたが、音はガラスの中で鈍ってしまってじきにやる気をそがれた。海底の砂の上で、壜がゴリゴリとこすれる。

それから一日、一週間、いいや一年ずっとそこにいたのかもしれないが、アスモデウスは網にかかって上がるころには退屈しきっていた。まばゆい緑の海面を通り抜け、やがて、ぶあつい壜のガラス越しにさしこむ日光の輝きで目を開けていられなくなる。けたたましいカモメどもの声が一帯にこだまして耳が痛いほどだ。

「ユースフ！　ユースフ！　ほら、こんなのを見つけたぞ！」漁師の片割れが大声で言うと、太陽に壜をかざす。ちっぽけな黄色い目がふたつ、こちらを見返していた。カリカリカリ、と音をたてているのはアスモデウスの爪だ。

「小型の赤いイセエビだろ」相棒のユースフが言う。「壜や光り物に寄りつくからなあ」

「違う、違う。アスモデウスだよ」アスモデウスがきんきん声を出した。「出してくれた

絵／ジェフリー・ウォルトン

ら、願いをひとつ叶えてやるぞ」

漁師たちはびっくりしたが、なかなかぬけめがなかった。「ここには、出してやったやつに永遠に仕えるべしって書いてあるぞ」壜のふちの銅に刻まれた銘文を、若い漁師が読み上げた。

「あのな、願い三つにしてやる。わかったか？　そらっ、早く出せ」アスモデウスがどなる。

「そうは壜に書いてねえよ」あくまでがんばる漁師を見て、アスモデウスはゾッとした。魔法の掟は融通がきかない。このまま言い張られれば自分は何十年もしもべにされ、永遠の命を望まれようものなら永遠にしもべにされてしまう。

「なんなら世界の皇帝にしてくれたっていいんだぜ！」若い漁師がほくそ笑んだ。

「現実を見ろ！」アスモデウスはどなりつけた。「世界の皇帝にしてやれるほどの力がおれにあれば、おとなしくこの壜に閉じこめられたりすると思うか？」

「おれたちを、どんな途方もない夢でも叶わんぐらいの大金持ちにはしてくれそうだ」と、年上の漁師が壜をのぞきこむ。

「ああ、いいよ」アスモデウスは小ずるく言った。「ただし、お先に決めてくれねえかな。どっちがおれのご主人さまになるんだい。コルク栓を抜いたほうがなるんだぜ。もうひとりは対象外だからな」

「ご主人さまはおれだ」若い漁師は栓をつまんだ。「見つけたのはおれだから」

「だが、年はおれのが上だ」と、ユースフが甕を奪いとる。「ふたりともよけいに得するように、賢い命令を出すならおれだよ」

アスモデウスに煽られた漁師たちは甕を引っぱり合った。やがて本格的なケンカをおっぱじめ、船がぐらぐら揺れだした。

甕の中で回りながら、銀色に輝く魚の山をはだしでほうぼう蹴りつけるふたりの乱闘を見物するばかりのアスモデウスは、ボートの転覆をもくろんで双方を応援し続けた。ただ、その船はアウトリガー付きのマレー式カヌーで、転覆する心配はまずない。

結局どっちも力を使い果たし、甕をはさんでにらみあった。

「鼻血が出てるぞ」ユースフが言った。「すまんかったな、兄弟」

「おあいこだよ。あんただって目のまわりが黒あざになってら」若い漁師が言う。

「この甕ときたひには、今からもう悲しみと暴力の種しか撒いとらん」ユースフが目のまわりを揉みながら、「ケチな悪魔め、甕の中からおれらを争わせてニヤついてやがる。こんなやつのご主人さまになろうもんなら、おれもおまえもろくな目に遭わんぞ」

「兄弟とひきかえじゃ、何をもらったって割に合わねえよ」若い漁師が言うと、ふたりして壜を拾ってアスモデウスごと海に投げ捨てた。悪魔としては、しもべにならずにすんで御の字か、それとも深海に逆戻りして嘆き悲しむべきか難しいところだ。

アスモデウスは冷たいガラス面に顔をべったりと押しつけた。今回の着地点は昆布の森で、岩場も揺らめく昆布も、動きのとろいアワビも緑色に染まっている。網ですくい上げられる可能性はなく、壜は海底の岩場でゴトゴトとこすれるばかりだ。カサガイがひとつ、アスモデウスの窓をふさいだ。「どけ！」と追い払おうとしても強くへばりつき、何週間も険悪な形相でにらみつけてきた。

壜を開けようとするタコに、アスモデウスはせいぜいうまそうだと思いこませようとしたが、なにぶん小さなタコで触手の力が足りず、開封には至らなかった。それでも光を放つ壜が気に入ったのか、銅を握りしめたまま別の触手で餌のついた釣り糸をひっかけ、そのまま上がっていった。

「タコが釣れたよ」と、前とは違う漁師たちが言う。今度はアラビア語のラベルを読めないオランダ人どもだ。

「このタコも何やら釣ってるぞ」と、さらに言う。

「ああ、光りものが好きだからな」アスモデウスはせいぜい漁師らしい声色をまねた。

「だよな」と、自分以外の仲間が言ったと思いこんだ漁師たちが相槌を打つ。

「なあ、こいつをエビ罠のエサにしようぜ」と、アスモデウスが持ちかける。「エビを寄せられるか、やってみようや」

「いいね」アスモデウスの壜は、今度はどっさりの魚の頭つきで籐かごのエビ罠に入れられて緑の海に逆戻りした。そのころはイセエビがふんだんにいたからね、いくらもたたないうちに罠に一匹入ってきて壜をつかみ、銅製の壜カバーを破った。

「違う！　違うっつってんだろ、バカ！」アスモデウスは金切り声をあげ、狂ったように飛びはねた。「こっち側！　反対側だよ！　こっちの栓を抜けってば！」

アスモデウスは壜の口に入りこみ、猛然と爪を立ててガリガリやった。

それでイセエビをうまく栓の近くの銅に引き寄せておいて、自分でも足を踏んばって力いっぱい押した。

大きなイセエビならあごの力でコインを曲げ、ハサミでムール貝を割れる。イセエビが銅をはがしにかかると、アスモデウスは我を忘れて狂喜した。

ところが、エビ罠は早くもふらつきながら上がりだしている。アスモデウスは水がどんどん明るくなるにつれ、エビもろとも昆布の葉のさすほうへ上昇しながら、うんしょ、うんしょと力いっぱいがんばった。

しまいに耳から湯気を出して、「どわりゃあああ！」のかけ声とともに、ありったけの力をこめた。コルク栓は弾丸みたいにふっとび、やっと原寸大になったアスモデウスが砕けたかごや蒸気を巻き上げて空へ飛び出した。

　そこらじゅうに飛び散ったかごやガラスのかけらに、漁師たちは言葉をなくしていたよ。矢のように悪魔の峰めざして飛んでいくアスモデウスを目で追いかけてね。

「なあ」いっとう毛深い漁師が、爆発した壜でケガした頬をぬぐいながら、「あの壜を開けなくてよかったなあ。あれ、たぶんアスモデウスだったんじゃないか」

籐かごのたがだけを首にかけた漁師が、「あいつ、どうなったんだろうとは思ってたよ」

「気づいたかい。あいつめ、おれらが獲ったイセエビをつかんでったぜ」見る影もなくなった帽子の陰から操舵手が言った。

「悪魔め、泥しやがって」みんな口々に言うと、別のエビかごにエサを仕込んだ。

アスモデウスが戻ってみれば、ケープの地獄出張所は特に変わりがなくてひと安心だ。間欠泉にたまった土砂掃除を少しやってから長老を探しに出たが、向こうのほうが一枚うわてで、とうにザンジバル行きの小型帆船で出ていったあとだった。

アスモデウスが今回の経験から得たものといえば、独り言と、デスク脇の水槽の大きなイセエビにぶつぶつ話しかけるという新しい癖ぐらいだろうか。魚肉のきれっぱしを水槽に落としながら、「ご主人さま、どんなささいなご要望でも細大もらさず遂行いたします」

とつぶやく理由はだれにもわからなかったが、悪魔には悪魔なりのわけがあるんだろうと思われていた。

美青年の嫁選び

ジンバブエのショナ人の物語です。ヒュー・トレイシーのカランガ語版を元にしました。

その昔、夫に先立たれたある女に、美しい息子がいた。息子の名はサクナガ・ムグワイーといってね。母親は息子を結婚させたくなかった。妻をもらえば、母親はひとりぼっちになってしまうから。そこで、年頃になった息子に「母親の作った料理を食べた娘は嫁にしない」と約束させたんだ。母親はとても料理上手でね、手料理はだれからも喜ばれた。じきに、美青年の評判がその地方一帯に広まると、若い娘たちが遠くからも近くからもはるばる見にやってきた。すると母親が出てきてね、「娘たち、遠くからきておなかがすいただろ。おかゆを出してあげるからおあがり」って言うんだ。

すると娘らは決まって「お母さん、ありがとう」って村はずれの木陰で、母親の作った料理を食べたもんさ。するとサクナガの母親は息子の家に行って戸口の外に立ち、こんなふうに歌で伝えた。

サクナガ、せがれや！
あんたんとこに娘たちがきたよ
お母さんは何を作ってやった？
おかゆだよ、せがれのムグワイーや
娘たちは食べたの？
ああ、そうとも、せがれや
なら、まとめて追い返してよ

そうやって、サクナガの母親は娘どもを追っぱらってきたわけだよ。

美青年に会いたい娘らの集団はいくつも村にやってきて、そのたびにサクナガの母に出された料理を食べてしまう。そのたびに母親は歌い、そのたびにサクナガに告げ口して、娘らを追い返させるのだった。

ところで、十人でやってきたある娘たちが、母親の手料理を食べれば追い返されてサクナガに会えずじまいだと気づいた。そこで策を練り、自分たちの食べる分は持参して村近くのやぶに隠しておき、みんなでこっそり食べようということになった。

村近くでサクナガの母親に迎えられ、「娘たち、ずいぶん遠くからでおなかがすいただろ。おかゆをあげようね」と言われた。

「いいえ、お母さん、せっかくですけど。おなかはすいてないので」と娘たちは言った。

「へーえ！」母親が応じる。「だったら、くたびれて眠いだろ」朝にはおなかがすくだろうと見越して、その晩に泊まる家に案内してくれた。だが、娘たちは夜中になると起きだして外へ出ていき、食べものを隠しておいたやぶに向かった。そこで食事をすませてきてまた戻る。

サクナガの母親は、朝になるとさっそく娘たちを泊めた家に行き、「さあ娘たち、さすがにおなかがすいただろ。ほら、おかゆを持ってきたよ」

「ううん、お母さん、せっかくだけど」娘たちに断られる。「わたしたち、おなかはすいてないの」

「んまあ、大変だ」母親は言った。「どうすりゃいいの、あたしの料理を食べたがらないなんて！」

娘たちをもう一日ひきとめて、日のあるうちは村の外の木陰で休ませ、夜はまたあの家に泊まらせた。夜になると、娘たちはやはりこっそり食事をすませて戻ってきた。そして朝になるとサクナガの母親はさっそくまた顔を出して、「娘たち、今度こそ本当におなか

絵／パドレイク・オメアラ

がすいただろ。おかゆを持ってきたよ」

「ううん、せっかくだけど、お母さん。おなかはすいてないの」

「ああ、ああ、なんてこった！」サクナガの母は嘆いた。「さて、どうしたものかねえ？」

娘らがサクナガの家に到着すると、母親はいつものように息子の家の前で歌った。

サクナガ、せがれや！
あんたんとこに娘たちがきたよ
お母さんは何を作ってやった？
おかゆだよ、せがれのムグワイーや
娘たちは食べたの？
いいえ、いいえ、せがれや
なら、中に入ってもらうよ

「ああ、せがれや」母親は泣いて、「あたしは寿命が尽きてしまった。もう逝かなくちゃ！」

「じゃあそうしなよ、お母さん」息子は答えた。「自分で選んだのなら、そうしたらいい」

そこでサクナガの母親はかごひとつに手荷物をまとめ、はるか離れたやぶの一軒家に行って死んだ。

サクナガはその後にあの娘たちを村に呼び寄せ、いちばん年上の娘を嫁に選んだとさ。

土になったお母さん

絵本作家で語り部でもあるカシヤ・マカカ・フィリが書いたマラウイの新しい創造神話は、母なる大地の尊さを思い出させてくれます。この物語のお母さんと、前の物語の母親はずいぶん違いますね。

むかしむかし、太陽には娘がいた。父のようにひときわ輝きを放つ星で、自分より輝く太陽の光を浴びて生きていた。太陽の娘はきらびやかな星貝の靴をはき、指や足首や手首や首には流れ星から集めてきた星くずのきらめきを飾っていた。そうやってまばゆく輝いて、空という名で知られた太陽のかなたの深淵を照らしだしたんだ。その深淵の女王となり、大きな知恵や愛や慈悲で治めていたんだよ。

ある日、太陽の娘は広い宇宙の無数の惑星を見回り中に、遠い惑星を見つけた。その星は太陽からずいぶん離れ、どこもかしこも緑と青に彩られている。娘はよく見直してね、太陽にこう言ったんだ。

「あの星に、わたしの玉座を置きたいわ。あのしたたる緑と涼しげな青い星で一生を過ごしたい」

太陽はため息をついた。娘の冴えた輝きを見れば、なおさらため息が出る。太陽には遠い未来が見通せたからね。

「全部、おまえにあげよう。どこでも好きなところに行っていいし、なんでも好きなことをしていい。ただ、これだけは知っておき。おまえの力の大半をここに捨てていかなくてはならん。まじりけない光の上着、星貝の靴、宵の明星や明けの明星がきらめくアンクレットやブレスレット、ネックレス——そうしたものは持っていけない。あの星の繊細な緑はおまえの放つ光の熱に耐えきれないし、青はことごとく干上がってしまう。だが、光の衣装一式を置いていけば、かわりに無条件で願いを三つ叶えてあげよう」

「いいわ」娘は言った。「考えさせて」

娘は何年も何年も考えた。広大な宇宙の星や太陽はいつもそうだ。なにをするにも何年も何年もかけるんだよ。彼らにとっては星のまたたきひとつに過ぎない一瞬だから。そうしてじっくり考えた末に、とうとう心を決めた。

父の言葉にしたがって上着を脱ぎ、夜明けのマントも、星貝の靴も、黄昏のサンダルも、夕映えのスリッパも残していくことにした。まばゆいばかりの輝きを放ちながら、太陽に手渡してこう言った。「わたしはこれから緑と青の星へ行き、そこの母になります」

「いりようなものは全部持っておいき。毎日わたしたちが見える場所にいようと、きっとここが恋しくてたまらなくなるのは覚悟しておきなさい。それに、いつでも戻ってきていいのも覚えておくんだよ」と太陽に言われた。「残念ながら、おまえの新しい体であの小さな惑星にいれば、わたしたちの光が強すぎると思う時がままあるだろうけどね」

そんなわけで、星の指環やアンクレットやブレスレットやネックレスは太陽の周囲にまき散らされ、彗星の尾や星貝や星くずやきらめく光がこぼれたミルクのように空に広がった。あの緑と青の惑星から見えるように並べられてね。それもこれも、娘が自分のふるさとを忘れないようにという太陽の配慮だった。

時空を超えた流れ星にまたがり、ついに太陽の娘は出ていった。あとで夜明けの柔らかい光のひとすじに乗ったけど、目的地はまだまだはるか先だ。持参のクワや臼や箕や水鉢や鍋や、竹や木の皿、小さな斧、ムシロ、大きな布カバーなどの荷物もある。やっとのことで緑と青の惑星に届く最初の光に乗れたんだよ。

いざあの星に降りてみれば、はるか上から見たその星があれほど緑に見えた理由がわかった。森や草原はとても美しく心を揺さぶり、以前にもまして優しい気持ちを感じたほどだ。すべての植物を愛おしくながめるうちに、太陽の娘に見守られて草木たちは楽しそうに生長し、緑はさらに鮮やかさを増した。ここに灌木、そちらに木立、はるかかなたに咲き乱れる花々は、遠いふるさとから娘星が持ってきたありとあらゆる光の色をしている。黄色、オレンジ、青、紫、白、ピンク、レモン、ライム、紺碧、アクアマリン、その中間色も数えきれないほどある。

「子どもたち、子どもたちがほしいわ。うんとたくさん、おおぜいの子どもたちが。子どもたちに愛情を注ぎたい。草地を駆け回る子どもたちがほしいの。歌う子どもたち、笑う子どもたちが山腹に声を響かせてほしい。子どもたちを呼んであやしてやりたい。そしてわたしがすっかり年老いたら、子どもたちに世話してもらいたい。わたしが弱って不自由するようになったら、育ちあがった子どもたちに支えてほしい。そしていずれ寿命がきたら、子どもたちの手で眠りにつかせてほしいの」

その願い通りに子どもたちが生まれた。ああ、子どもたちだ！　そこらじゅうにいる。右にも左にも。前にも後ろにも。背が高くしなやかで、片足で何時間でも立っていられるほど強い息子たちがいた。そして、速く走れず、長く立っていられない子にも温かさと思いやりを分け与える、穏やかで優しい息子たちがいた。

兄たちに似て大きく強く、草原のガゼルのように一日中走って飛びはねても少しも疲れない娘たちもいた。花のように優しく可憐で、母のように愛情深く、兄たちのように優しく、父のように慈愛に満ちた娘たちも。子どもらは太陽の娘をとりまいて、お母さんと呼んだ。こうして、空の女王として無限の輝きを放っていた太陽の娘は、緑と青の星に生まれたすべての子どもたちの母になった。母はどの子も愛し大切にした。背の高い子も低い子も、太った子も痩せた子も、黒っぽい子も白い子も、金色の子も。昼も夜も、子どもたちの世話をした。

歩くけど絶対に走らない子たちも、走るけど絶対に歩かない子たちもいた。手当たりしだいに自分のものにしたがる、欲ばりの子たちもいた。「何にも」の子たちは、たったひとこと「何にも」としか言わない。「もう帰る」の子たちはさっさと帰ってしまう。自分の非を絶対に認めない「ぼくじゃないもん」の子たち。「知ーらない」の子たち、「元はあいつが」の子たち、「あの娘にねだられて」の子たち、意地悪で思いやりのない子たち、などなど、それはもうたくさんの子たちがいた。

母はそんな子たちを世話し、雨や豊かさをもたらした。天空の流儀を踏まえた上で、太陽と光をもたらした。そして植物の休眠期に入ると、秋と冬を連れてきて植物を眠りにつかせた。子どもたちが眠っている間はその世話をした。だれよりも早く起きて大きなほうきで掃除し、朝早くからクワをふるって子どもたちに必要な食べものを育てた。子どもたちはとても食い意地が張っていたが、一日中走ったり、歌ったり、隠れんぼしたり、子どもが好きそうなありとあらゆることをしてから思うぞんぶん食べられるだけのものを、母はいつも用意してくれていた。

「すべての子らの母」はとても強かったが、歳月はその肩に重くのしかかったし、地球の子どもたちは変わってしまった。あるとき母は太陽にこぼした。「子どもたちはみんな変わってしまいました。わたしなんか、どうでもよくなってしまって。目に入っているかどうかも怪しいものです」すると太陽は答えて、「忘れてはいけないよ、あの子らを産んだのはおまえだ。あの子らのほうから産んでくれと頼んだわけではない。ともにいてやりなさい。そうすればいずれ、いちばん思いがけない場所で、いちばん思いがけない時に宝を見出すだろうよ」

だから、母は物の取り合いをするような子どもらにまめまめしく尽くした。子どもたちは互いに助け合わず、かといって自分ひとりで何かするでもなく、いつでも泣いて母親を呼びたて、母の目を引こうとした。

「お母さん、おなかがすいたよう、喉が渇いたよう、これちょうだい、あれちょうだい――抱っこしてよう、あやしてよう。だってお母さんでしょ。あたしたちをこの世に産んだんでしょ。だったら面倒を見てよう」

それで「すべての子らの母」は、傷を癒し、飢えた口を養い、喉の渇きに水を与え、一人前の男や女に育て上げた。大きくなった子らは遠くへ旅立ち、たまにしか帰ってこず、時にはまったく帰らないこともあった。そのうちに性悪で粗暴になったあげく、互いに殺し合うようになった。

母の心は悲しみで痛んだ。かつてはぴんと背筋が伸びていたが、今はなにかにつけて子どもらにさんざん責められた苦痛と恥辱で腰が曲がってしまった。母に優しい言葉ひとつかけようともせず、すでに血を流していた母の心を悲嘆で蝕んだ。だから、木々をなぎ倒すような風の中で、母は働きながら自分を慰めるために歌った。一日の始まりにキスを与える涼風が鳥たちの眠りをそっとさまし、そろって朝のコーラスでさえずるころに歌った。むきだしの土を激しく叩いてはぎとり、海へと運び去る雨音の太鼓の中で歌った。世界の屋根をなす山々のいただきに、羽のように音もなく降り注ぐ霧雨を浴びて歌った。それに寒い土地では雨雪や、怒る雹となって降り注ぐ雨の中でも歌った。

歌いながら、何かの救いがあるとでもいうように真昼の空を見上げる。やがて視線を下げて仕事を見ながら、さらに歌い続けるのだ。

森や平原で薪を集める時は森を歌った。さすらう子らは何年もかけて育った木を切って幹ごと持ち去り、大地を死にそうなほど壊しかけている。

すべての子らの母にはわかっていた、子どもらは大地がどうなろうとかまわないのだ。

絵／ジョナサン・カマフォード

貴金属を探すためにいくつも穴を掘り、開いた傷口から血が流れるままに放置した。母は大地をさまよいながら、こんな歌を歌った。きれぎれに、ある時は声を出して、ある時は声を出さずに。

あんたたちはわたしを耕し
心からの望みを叶えようとする
わたしが傷だらけで裸にされるまで
ひでりの天罰はわたしを不毛に荒らし
豪雨でわたしの肉体はずたずたに裂かれる
通りすがりに嘲笑われ、唾を吐きかけられるほどに
わたしはそのすべてに耐える
わたしは母、生まれながらに与える者だから
自分にかまわず、何ひとつ惜しんだりしない
世界を養うわたしを、子どもたちはじっと見ている
あの子たちの手で毒を盛られて倒れるわたしを

子どもらの耳は大地の音楽に共鳴せず、母の歌を聞き流した。ただしほんの時たま、母がたそがれに歌うと、かつては同情心のある優しい子だった者たちの心に、ほんの時たま、ずっしりと重苦しいものが降りてきた。

子らがさらに遠くへ散らばっていくにつれ、それぞれがさらに広い土地を自分用に確保したがるようになった。日々、起きるが早いか木々の取り合い、キラキラ光る石の奪い合いだ。

こっちでは、「この木はわたしのよ」、あっちでは、「いいや、おれのだ」といったありさまとなり、いたるところで、「おれの、わたしの」だらけだ。森から鳥を集めてきて、せまくて飛べない場所に入れる。川に罠をしかけて魚をすくい、せまくて泳げない器に入れる。面白半分に動物を撃ち、生首や皮をはいで集める。時には野生動物を罠で集め、牢屋に閉じこめる。森の木々を切り倒し、不毛の荒れ地にしてしまう。

そんな仕打ちを続けて大地を疲れさせ、すべての子らの母が老い衰えて死んでも、子らは反省さえしなかった。

臨終の床で、母はふたつめの願いを叶えてもらった。なきがらに黒い服を着せ、引き続きせいいっぱい子らのために尽くさせてほしいという願いだ。そうやって死んだあとまで、黒い衣とマントをまとって昼も夜も働き続けた。もう眠らなくてもよくなったので、さらに精を出して働いた。子どもたちの態度はあいかわらずだ。ずっと母を呼びたてる「ちょうだい、ちょうだい、ちょうだい」に休む間もなく尽くし続けた。今の母はただの幽霊だから黙りこくっている。歌うのはわずかに夜から明け方までで、それだって谷や丘にずっと残っていた歌のこだまを風が持ってきたに過ぎない。

母がことさら気にかけていたのは、生前の早いうちに産んだのに、口がきけない子だった。その子の目はすばらしく美しく、じょうぶな黒髪を後ろで編みこみにしてビーズを飾っていた。髪が伸びるにつれて心も育っていき、心が育つにつれて脚や腕も強くなった。その子はすくすくと育って美しい娘になった。

ある日のこと、その子は家事をしながら、ふと止まって母を見上げた。そして生まれて初めて口をきいたのだ。

「わたしに手伝わせてよ、お母さん。お願いだから腰をおろして休んでて」そう優しい声をかけると、あとに続く沈黙で耳がどうかなりそうだった。優しさはとうにこの星からなくなっていたのに、ほんの束の間だが、すべてのものが動きを止めたようだった。

母はため息をついた。「ありがとうね、おまえ」

このたった一度の優しさのおかげで、母は解放された。そのまま倒れて土になったのだ。

母のつとめは終わった。大きな風がその土をまとめて天に運び、今も見えるような月の姿に変えた。三つめの願い、「月が満ちるたびに柔らかな光に照らしてもらって、子どもらや緑と青の惑星を見たい」はこうして叶えられたのだ。

　そして今も月が満ちるたびに、月は子らの争いやいがみあいを見ている。あの若い娘に率いられた娘たちが、昔の自分がしてやったようにつくろい、癒し、尽くして救うのを見ているのだ。

　それなのに月の娘たちから生まれた子らは、いまだに争い、いがみあい、文句ばかりだ。月はそのありさまに顔を隠して泣かずにはいられず、ぐっとこらえてあとから目を戻し、初めはほんの三日月ほど顔をのぞかせる。やがて、しだいにこちらへ向いてくれるようになり、いずれは愛情いっぱいの満月の顔になっていく。

　だから、そんな夜に満月の愛を受け、周囲に伝えてくれる者もいるにはいる。そうやって人に尽くす者たちを月の娘たちは歌にしながら、もうひとつの願いが叶うように祈るのだ。子どもらが賢くなり、すべての子らの母の愛に応えられますようにと。

モトロピーの木がくれたもの

ボツワナで語り継がれたツワナ語のお話を幼児教育家のジョアナ・モルレが再話し、幼い少年の心からの願いを描きだします。

あるところにンピピディという男の子がいた。羊飼いの木と呼ばれるモトロピーの木がうっそうと茂っていて、夜な夜なジャッカルが吠えるさびれた片田舎の村の子だ。両親と弟はいるけれど、妹がほしいなといつも思ってきた。だけど、このンピピディのいちばん大きな願いごとは、いつまでたっても実現してくれなかった。

ンピピディは父親の家畜番をしていた。毎朝の日の出前に食べるものを持って出て、牛の群れをやぶの奥深くへ連れていく。それからいちばん大きなモトロピーの木によじのぼって牛たちを見張るのだ。はるか遠くに青い山脈が見えるその木はずいぶん高くて、鷲が兄に、雲が妹に思えるぐらい近い。妹ということばが頭に浮かぶだけで、悲しくなってしまうけど。

牛の一頭が迷子になると、ンピピディはそっと口笛を吹いた。アナグマを巣に寄せる蜜蜂みたいに、ちょっとさびしくて甘い音色だ。それから、節をつけてこう唱えた。

いいかい、いいかい！
うちの茶色い子たち、
迷子になるんじゃないぞ
いいかい、いいかい！
さもないと、丸呑みされちまうぞ
おっかないやつにバクリと！
いいかい、いいかい！

すると迷子の牛は必ずこっちを向いて、ンピピディのいるモトロピーの木まで草を食べながら後戻りする。この魔法の歌のおかげで、いちいち木を登り降りして牛を探す手間が省けるのだ。

ある日のこと、牛をいつもより奥へ連れだしていちばん大きなモトロピーの木を探していると、ンピピディの耳にかすかな泣き声が届いた。「おぎゃあ！　おぎゃあ！」

立ち止まって耳をすます。ほらね、空耳じゃない。「おぎゃあ！　おぎゃあ！」びっしり茂ったモトロピーの枝にもぐりこんだら、野生動物の柔らかい皮を敷きつめた新品のかごに赤ちゃんがいた。おっかなびっくり抱き上げてみると、小さな女の赤ちゃんだ。ンピピディの心臓がドキドキしてきた。

だめだめ、うちには連れて帰れないよ！　見つけた話を信じてもらえなくて、よそへやられちゃうかもしれない。だから赤ちゃんをかごに戻し、隠れられそうなモトロピーの木を、離れた場所まで探しに行った。

それから手持ちのミルクを出してきて飲ませた。やがて、赤ちゃんはごきげんですやすや寝てしまう。ンピピディはイバラの枝を切ってきて、野獣よけの柵がわりに赤ちゃんの寝床をぐるっと囲い、その晩は赤ちゃんの話をひとことも漏らさなかった。ずっとぼくだけの秘密にしておくんだ。それからは自分用の食べものとは別に、赤ちゃん用のヤギ乳を毎朝持って出るようになった。

朝はいつもやぶの奥まで牛を追っていき、用心しながらそろそろとモトロピーの木に近づき、間近になれば、そっと歌って合図した。

ねえ、泣いちゃだめだよ

そこから出してあげるから！
びっしり茂ったモトロピーの
木から出してあげるから！
このぼくが、ンピピディが、モトロピーの
木から出してあげるからね！
だから泣いちゃだめだよ、おぎゃあって
いますぐ出してあげるからね！

すると小さな声が「おぎゃあ、おぎゃあ」と返ってきて、まだ生きているとンピピディに知らせる。ンピピディは獣よけの枝を一本だけ外して赤ちゃんを抱き上げ、歌ってやりながらミルクを飲ませる。おなかいっぱいになった赤ちゃんをモトロピーの枝陰のかごに優しく戻して毛皮のおくるみをかけてやり、柵がわりの枝で元のように囲っておく。

ずっとそうしているうちに、どうも隠しごとがあるらしいと母親に勘づかれた。そこから父親にこんな相談が行く。「ねえ、あの子どうしたの？　なんで天気が悪くても毎日毎日、牛追いに出るのかねえ？」

さらに父親も、「弟を連れてってやろうとせんのもおかしいな。そんなんじゃ、弟はいつまでたっても牛の世話を覚えられんじゃないか。あすの朝は、おれがあの子のあとをつけて様子を見てくるよ！」

あくる朝になると、父親はンピピディの後をつけた。気づかれないよう距離をとりながらも、ンピピディの口笛や歌はちゃんと聞こえている。ンピピディのほうはずっと口笛を吹くかたわら、牛を追っていつもの放牧地へ向かった。

口笛は、やぶの奥まで入りこむとやんだ。父親は少し早足になり、用心しながらモトロピーの大木に近づくンピピディを見かけた。それで木に近づいていくと、息子が優しく歌うのが聞こえた。

ねえ、泣いちゃだめだよ
そこから出してあげるから！
びっしり茂ったモトロピーの
木から出してあげるから！
このぼくが、ンピピディが、モトロピーの
木から出してあげるからね！
だから泣いちゃだめだよ、おぎゃあって

絵／ジュディ・ウッドボーン

いますぐ出してあげるからね！

すると、小さな声が「おぎゃあ！　おぎゃあ！」というのが聞こえたんだ！　父親は目をむいた。あれは赤ちゃんの泣き声じゃないか？

父親はンピピディが獣よけの枝を外して赤ちゃんを抱き上げ、ミルクを飲ませているのを見た。おなかのふくれた赤ちゃんをていねいに枝陰のかごに戻して、皮のおくるみをかけてやる。それから枝の柵を戻した。

息子の隠しごとってこれだったのか！　父親はさっそく戻って、見てきたままを妻に話した。

翌朝まだ暗いうちに、ンピピディの父親はあのモトロピーの木に妻を案内した。そして村のみんなが起きる前に、あの赤ちゃんを連れてふたりで帰ってきた。

ンピピディはといえば、いつものように食べものとヤギのミルクを持って、やぶの奥まで牛追いに出かけ、用心しながらあのモトロピーの大木に行った。近くまでくると、小声でいつもの歌を歌う。が、耳をすましても小さな声は聞こえない。もういちど歌ったが、やっぱりなんの返事もなかった。震える声で何度も何度も歌った。モトロピーの木から返ってくるのは、まったくの沈黙だけだ。

だから獣よけの枝を抜いてみれば、赤ちゃんがいない！　ンピピディはモトロピーの木の根元に倒れて大泣きした。そして、午後そうそうに牛をまとめて家に引き揚げた。

家に戻ってくるなり、煙が目にしみる炉ばたの席に座りこんだ。あとからあとから涙が出てきて頰を濡らし、恐怖と悲しみですっかり落ちこんでいる。

どうして泣いてるのと母親に尋ねられ、煙で目が痛いからと言い訳した。それでいて、外の空気を吸っておいでと母親に言われても、かぶりを振るばかりだ。

「ンピピディ」母親に言われた。「父さんも母さんもちゃんとお見通しだよ。泣いてるのは、モトロピーの木に隠しといた赤ちゃんのことだろう」

ンピピディはびっくりして泣きやんだ。

「そら、おいで」母親はそう言うと、父親にも声をかけた。そして、いっしょに寝床のある小屋にそろそろと近づき、戸口で優しく歌ったんだ。

ねえ、泣いちゃだめだよ
そこから出してあげるから！
びっしり茂ったモトロピーの
木から出してあげるから！

このぼくが、ンピピディが、モトロピーの
木から出してあげるからね！
だから泣いちゃだめだよ、おぎゃあって
いますぐ出してあげるからね！

そしたら小さな声が「おぎゃあ！　おぎゃあ！」と聞こえるじゃないか！

ンピピディは母親を見た。それから父親を見た。「ああそうとも、ンピピディ」父に言われた。「おまえが隠していたのは知ってるぞ！　弟に牛追いを教えたくなかったのはそのせいか？」ンピピディは返事をせず、ミルクの瓶を取っていつものように赤ちゃんに飲ませた。

母親はそんなンピピディをじっと見て、赤ちゃんをどれほど可愛がっているかを読みとった。

「ケネイルウェをこっちへおよこし、おまえの赤ちゃんの妹を」

ンピピディは赤ちゃんを渡した。そうして母親に抱かれた妹を見

ア・ガ　ア・ンケ・ア・レ　ラ・ツェト　サ・ニャー・ネ、ツェト・サ！　ングワ・ナー　トラ・レ・サ・モ　トロ・ピー・ツェト　サ・ニャー・ネ、

ツェト・サ！　モ・トロ　ピー・レ・ム・ピ・ピ　ディ・ツェト　サ・ニャー・ネ、ツェト・サ！　ア・コ　ア・イレ・ア・レー　ンギー、ンギー！　ツェト　サ・ニャー・ネ、ツェト・サ！

るうちに、深い喜びで胸がいっぱいになる。

ケネイルウェは兄思いの美しい娘に成長した。名を聞けば、この子の風変わりな生い立ちをだれもが思い出す。「ケネイルウェ」つまり、「もらいもの」だ。

フェシート、市場へ行く

児童文学も手がける小説家シスリー・ヴァン・ストラテンによる、ウガンダを舞台にした市場のお話です。テーマは普遍的で、人への親切三つが三倍になって返ってきます。

ある朝、フェシートはマトゥルトゥル（日の出前の一番鶏）とともに早起きした。この日は高熱で寝こんだ父親のかわりに自転車で市場に行くことになっている。この日は一人前の男みたいにバナナを運んでいく。いっぱしの男として自転車に乗り、頭をしゃんと立てていくのだ。

寝ていたマットを巻いて片づけると、おもてを見た。お日さまが顔を出すはずのバナナの木の向こうがほんのり黄みがかり、草には露がおりている。こんなさわやかな朝に、ひとりで市場へ出かけてポケットにお金を入れて帰り、夕方になったら父親がいつもするように、みんなの前でお金を数えるのだ。セント硬貨やシリング硬貨を木のボウルにちゃりんちゃりんと入れていけば、みんなの口から「うわあ」と声がこぼれるだろう！「大金じゃないか！　本当にフェシートはできがいいね。もう一人前の男だ、世の中ってもんがわかってるよ！」

夜明け前の涼しいおもてで、母親はバナナをまとめていた。「フェシート、おいで。ごはんだよ！」

「あれ、ママ。ずいぶん早起きだね！　今日はどう？」

「上々（ブルンジ）よ！　いい子ちゃん」と、まとめたバナナを木に立てかけた自転車の荷台にくくりつけた。それからミルクを入れたヒョウタンを取りに行き、フェシートにおかゆのお椀を渡した。そのおかゆをムヴレ（アフリカンチーク）の木の下で食べる間に、フェシートの母親はハンカチにお釣り用の小銭をくるんでやり、ていねいに何度もひねっておいた。

フェシートはそのお金を受け取り、ポケットの奥にしまった。重みが脚に当たる。そこに入れておけば大丈夫だ。やがて、自転車を押して庭から道路に出ていった。

母親が大声で「じゃあね（ウエラバ）、フェシート！」と見送る。「じゃ、行っといで！」

フェシートも「じゃあね、ママ！」と、自転車で走り出した。けど、ばかに重いなあ！　父さんが夕方に市場から帰ってきて、乗り回させてくれた時より重いぞ。かさばるバナナが両脇にぶらさがってるんだもの。自転車はこちらによろけ、あちらに傾き、赤土の上をずるりずるりと滑っていく。うわっ！　怖い怖い。フェシートは舌打ちしながら、必死でハンドルを支えようとした。「父さんってほんとに力持ちだなあ。市場まで毎日らくらくと乗りこなしちゃうなんて！　でも、今日からは、ぼくも父さんみたいになってやるぞ。このフェシートが荷物を支えきれずに自転車ごと転んだなんて、だれにも言わせるもんか」

自転車を押して下り坂にさしかかった。そこで自転車に飛び乗り、前のめりに走りだす。顔に涼風を受けて走っていくと、飛んできたサイチョウの群れがゆくてをふさいだ。

「クナァァァク、クナァァァアック！」と鳴きたてる。

「そうとも、どきな！　おまえらより偉いやつのお通りだ！」と、声をかけた。「このフェシートさまは一人前の男として市場に乗りこむんだ、道をあけろ！」

背後からのぼる朝日がバナナの葉を照らした。赤いハイビスカスの花が開きだし、フランジパーニの花の香りがそよ風に甘く漂う。ヒヨドリが肉桂の木でさえずりだした。日が高くなり、谷間の霧が晴れてきた。やがて、行く手の路上に老人が出てきた。腰をかがめてかごをさげている。ムソケじいさんだ。

「おはよう、じいちゃん！」自転車で通りかかったフェシートが元気よく挨拶した。

「おはよう、フェシート」と、ムソケじいさんが言う。「今日の親父さんはどうかしたのか、おまえに自転車を貸してやって、危なっかしい運転で市場へヨタヨタ行かせるとは」

フェシートはムッとした。このじいさん、いい齢こいて口のききようってもんを知らないの？

「父さんが熱を出したんでね、じいちゃん。今日はおれが市場へバナナを持ってくとこさ」

うおおお、などとムソケじいさんは自分の背をさすり、しわだらけの小さな黒い目でフエシートを見上げた。

「なあ坊や、わしゃ、この齢で背中がカチカチでなあ——うおおお！　ひどく凝っちまって。すまんが歩かずにすむように、このポポーを市場まで持ってってくれんか」

ポポーがたっぷり入ったムソケのかごはとても重そうだった。運ぶなら自転車のハンドルにくくりつけるしかない——運転がえらく大変になりそうだ！　でも、だからってお年寄りの頼みを断るなんて失礼だろう。

「いいよ、わかった」と言った。「引き受けたよ、そのポポー」

「いい子じゃなあ」と、ムソケじいさん。「親父さんに伝えとくよ。あんたんちのせがれは親のしつけがいいって」

そう言われたって、ポポーを受け取りながらため息しか出ない。どうせムソケじいさんは、よくしてもらったことなんか午後になれば忘れてしまい、次に会えばまたいつものようにガミガミやられるのがオチだ。

フェシートはポポーを自転車にくくりつけると、じいさんを見た。ムソケはさっさと腰をおろして、タバコ袋を出そうとしている。

「じゃあね、じいちゃん」フェシートは言った。

「じゃあな、フェシート」ムソケじいさんは挨拶もそこそこに肉桂の木陰に寝そべり、クレイパイプにタバコを詰めていた。

よけいに重くなった自転車のペダルをこぐうちに、脚が筋肉痛を起こした。もうがっかりだ。父さんの自転車で市場へ行くなんて最高にすごいと思っていたのに、なんだかめちゃくちゃ大変じゃないか。「それでも、今日のぼくは一人前の男なんだぞ」と自分に言い聞かせる。「すごいじゃないか」

さらに日が高くなると、市場への人出で道が混んできた。

「おはよ、ナルバレ！」声をかけると、ナルバレは手を振ってくれた。超きれいだ。惜しいなあ、ぼくより年上で、夫もいるなんて。すごくいいなと思っているのに。

「おはよ！」大声で、「楽しんで走ってらっしゃい！」

道の両側には水がめをかかえた女たちがずらりと並び、輪っかや棒きれやピーナッツ入りの小さなかごをさげた子どもたちが、あとからちょろちょろ駆け回っていた。

「ねえ、フェシートちゃんたら！ちょっとだけ待ってよ！」

自転車を止めた。今度はだれだろう。すると、カッシンギが見えた。脚でひとまとめに束ねた鶏三羽を持って走ってくる。

「ねえフェシートちゃん、頼むからあたしの鶏を市場へ持ってってよ。そうしてくれると大助かりなんだ。お代は忘れずにちゃんと持ってきて——一羽につき五シリングね。いや、大きいのは七シリングにして」

と、鶏を突き出す。

「みんな、ぼくを荷物のっけ放題のロバかなんかと間違えてない？」と、フェシートは思った。「父さんにも、いつもこんな調子なの？」

「カッシンギ、鶏三羽分も積む余地がどこにあるんだよ。もうこんなにバナナやポポーでふさがってるんだぞ？」

カッシンギは大荷物を見た。それからすごい顔で目を凝らし、バナナの上を指さした。

「そこっ、坊や！　そこよ、そこ！　ねえ、目が見えないの？　バナナの上なら鶏十羽ぐらいのっけられるでしょうが！」

そういうとバナナの葉のひもを取って、鶏三羽をバナナの上にくくりつけた。おかげで荷台の山はものすごい高さになり、ちっとやそっとじゃ手が届きそうにない。

「いい、くれぐれも気をつけて行ってよ！　うちの鶏を生きたまま市場に届けなかったら、あんたの父さんに言うからね！」

しかもカッシンギのことだ、絶対忘れずに言いつけるに決まってる。フェシートはため息まじりにまた自転車にまたがった。

「またね、フェシート！　忘れずにお代を届けてね！」

「ああ、それじゃ、カッシンギ」

ひどい暑さに汗だくになり、シャツの背中も滝のような汗だ。息をするのも苦しい。市場に間に合うかな？　思ったより遠いぞ。でこぼこ道でたまにガタッとくるたびに、鶏に「カーーーッ！」と怒られた。

やがて、前方を歩く小さな男の子が見えた。がりがりにやせこけた体で、まっすぐ歩くこともできずにのろのろとした足どりで行く。キキョだ、ずっと大病を患っていた子だ。今日の行き先はどこだろう？

「あれ、キキョじゃないか！」と、声をかけて寄っていく。「そら！　今ね、市場へバナナを持ってく途中なんだ。父さんが熱を出しちゃってさ。キキョはどこまで？」

「病院さ、薬をもらいに」と、キキョは言った。「ねえフェシート、乗せてってくれない？ぼく、もうへとへとで足が動かないよ」

「いったいどこに座るんだよ？」フェシートは大声をあげ、これまでの怒りを一気にぶちまけた。「それでなくても、こんだけ運ばされて大変なんだぞ。ムソケじいさんのポポーや、カッシンギの鶏を押しつけられてさ。もう満杯だ、子どもひとりだって乗せる場所なんかないよ、キキョ。ぼくはみんなの荷物を市場へ運ぶラバなのかい？　自分の足で行きなよ！　じゃあね！」と、キキョを置いてさっさと行こうとする。

なのに、なぜか目の前からキキョの顔が消えてくれない。

キキョの顔は肉が削げたようにやせこけ、目ばかりになっている。ふくれた腹の上にあばらが浮いて、骨ばかりの脚に腫れた関節が目立つ。やっぱり病院まで乗せてってやったほうがいいかな。だってキキョはていねいに頼んでくれたじゃないか。カッシンギやムソケじいさんとは大違いだ。

フェシートはため息をついて止まり、声をかけた。「キキョ！　早く乗りなよ！　急いで！　じっと落ちないようにすれば町まで連れてってやるよ。そら、早く！」

キキョが小走りに寄ってきた。「ありがと、フェシート。助かるよ、きみってすごい友だちだね」

「そら、サドルにあがりな」フェシートは言ってやった。「じっとしててくれよ。ちょっとでもふらついたら自転車が倒れて、荷物ごと全部落っこっちゃうんだから」

「うん」と、キキョはサドルにまたがった。すごく嬉しそうだ。「ありがとう、友だち」と、またお礼を言う。「ぼく、ネズミみたいにじっとしてるよ」

フェシートのほうはひたすら自転車を押して押して押しまくり、乗ったのは下り坂のときだけだ。腕も足も背中も痛い。自転車ときたら、もう動くもんかといわんばかりに進まない。道路は暑さで水のように揺らぎ、セミの鳴き声で頭がくらくらしてきた。ようやく、あともうひとつ坂を越せば終わりだ。

するとキキョが言いだした。「フェシート、おなかすいたよ。バナナを食べてもいい？」

「だめだよ、売りものなんだぞ！」とフェシートは言いました。「途中で子どもらにつまみ食いさせたなんてバレたら、父さんに何て言われるか」

「うん、そうだよね。わかった」と、キキョ。

でもそこで、がりがりにやせたキキョの体が気になった。こんな小柄で、ろくに食べてないみたいだ。まだ七歳なのに。こんな小さいうちから、あれだけつらい目にあってきたなんて。

「キキョ」口調だけは厳しく、「バナナを食べてもいいぞ。ただし一本だけだ！　よく気をつけて、山を傷めないように取るんだぞ」

「ありがと」キキョはバナナを取って、皮をむいて食べ始めた。「すごくおいしいよ、フェシート。ごちそうさま」

絵／ディーク・グロブラー

もう丘の上にたどりつき、黄色い肉桂の木々の向こうに赤と茶色の町並みが広がる。マンゴーの木陰の市場は大にぎわいだ。立ち話をする長い衣の男たちの中にはビールを飲む者もいる。女たちは虹のように色とりどりのロングドレスで屋台脇にしゃがみこみ、極彩色の鳥たちが日陰で思い思いに休んでるみたいだ。

「ああ、市場はいいな！」とフェシートは言った。「一人前の男っていいもんだな、キキョ」

「そうだよね、フェシートは強いから」キキョは言いながら、バナナをもう一口食べた。

そう言われて、フェシートの胸の中で心臓が大きくふくらんで満たされ、市場を見おろして、これ以上ないほど頭をそびやかす。

そこへ後ろから大笑いが聞こえた。フェシートが振り返ると、ボサ、カグエ、ワスワ、マタビが茂みから飛び出してくるのが見えた。ボサのことは嫌いだし、ボサもフェシートを嫌っている。フェシートはなるべくそっちを見ないようにして、自転車を押して坂道を下りにかかった。

「おいっ、あそこに行くやつを見ろよ！　どう見ても体に合わねえおやじの自転車をよたよた押してさ！　だーれだ、だれだ、がらくたばっかり積んでくのはだーれだ！」どなったボサが自転車の脇を走ってついてくる。カグエやワスワやマタビも大声ではやしたてた。

マタビがキキョを指さし、「だーれだ、だれだ、ヒヒみたいにバナナを食いながら市場へ行くのはだーれだ！」と大声をあげる。

「乗る自転車がないからって妬むなよ！」フェシートはそうどなると、下り坂でさらにスピードを上げた。

「うそつけ、うそつけ！」ボサが叫ぶ。「そんな無礼な口をきくやつは思い知らせてやる！」とどなったのはカグエだ。

先回りして走ったボサが肉桂の枝を折り、自転車の車輪のスポークに引っかけてフェシートとキキョの自転車を横倒しにさせようとした。

フェシートが察してかわそうとしたが、ボサにまたもや正面に回りこまれる。手の打ちようがない。自転車ごとキキョといっしょに倒れ、バナナとポポーと鶏がつぶれるありさまが目に見えるようだ。

「はっはー！　そんなんでいっちょまえに男のつもりかよ！」ボサがあざ笑う。「道路で転べば赤んぼみたいに泣くぞ！」と、枝を持って近づいてきた。とたんに食べかけのバナナがやつの両目に命中し、続いて力いっぱい投げたバナナの皮が派手な音を立てて顔にぶつかる。そうしてキキョに笑われながら、よろよろと道ばたに逃げて顔をぬぐった。

「そらフェシート、こいで、こいでよ！」まだ笑いながらキキョが叫ぶ。が、そこへいちばん大柄なマタビが追いすがってきた。「きさま！　このヒヒ野郎め！　おれたちにそんなまねしていいと思ってんのか！　いい気になりやがって、思い知らせてやる！」と、バナナの山を引きずりおろそうと手を伸ばしてきた。ところがやぶからぼうに、「うわっ！　いてて！」とびっくり声をあげて飛びのく。鶏どもにすごい勢いで顔や腕をつかれたのだ。

フェシートは思った。「ああ！　カッシンギの鶏を引き受けといてよかったあ！」

けど、どさくさでワスワのことをすっかり忘れていた。ワスワが石を拾ってフェシートに投げつける。ドスン！　背中に当たってすごく痛い。ワスワはそのまま並走しながら、さかんに挑発してきた。「おくびょうチビども！　まともに向かってこないで逃げるのか！　やーい、おくびょうチビどもめ！」

またしても石を拾おうとかがんだやつの耳に、ボンッと音をたてて緑色の固いポポーが命中し、ワスワはほうほうのていでやぶに逃げこんで痛さのあまり大泣きした。

フェシートは思った。「ああ！　ムソケじいさんの荷を断らなくてよかったあ！」

すると、後ろでキキョがくすっと笑いをもらした。「もっと速くこいでよ、フェシート！　もうだれにも追いつかれやしないさ！」

ぐんぐんフェシートがこいでいくと、ジジジジジ！　と自転車が歌うように音をたてた。

キキョの笑い声が高らかに響く。ふたりの速さが増していく。もうだれにも捕まえられっこないぞ！　ジジジジジ！　車輪は鳴るよ、ジジジジジ！

「キキョ！」フェシートが声をかけた。「きみって頭が回るんだな、こんなに小さくても。さっきはありがと！　とっさにバナナの皮とポポーを投げてくれなかったら、今ごろ、あの泥棒どもに荷を盗まれてふたりとも道に倒れてたよ！」

そして思った。「キキョに優しくしといてよかったあ！」

今は、ふたりで空を飛んでるみたいだ。木々も家々もめまぐるしく流れていく。そのまま一気に市場めがけてつっこみ、人も鶏も犬も追い散らした。

「ちょっと！　フェシート！　悪魔にでも追いかけられてんの？　うちのピーナッツに気をつけて！　うちの卵を踏まないで！　うちのポポーをよけてよ！」

「フェシートちゃんや！　あたしの甥っ子や！」露店から声をかけてきたのは、父方の伯母だった。「これがあんたの市場通いのやり方かい？　平原のつむじ風みたいだね」そう言いながらも伯母の顔は笑っている。フェシートが自転車をこいで市場へ入りながら、いっぱしの顔で背筋を立てて晴れやかに笑うと、後ろのキキョもつられて笑い声をたてた。

このフェシートさまは、父さんのバナナもムソケじいさんのポポーもカッシンギの鶏もぶじに市場に届けたぞ。このフェシートさまは、自転車に乗らせれば大した男だぞ！

サニー・ラングタンドのお客さん

アレックス・ダンジェロによるケープ民話をもうひとつ。カルク・ベイのタフな老魔女サニー・ラングタンドと、飼いヒヒで犬の体のボゴム、彼らと仲よしで宝が大好きな、時空を駆ける火吹き竜スラングベックのお話です。このお話ではボゴムが語り手となり、みんなで異国に旅をします。

その日のケープはうっとうしいお天気だったよ。暗い山の上からやってきた雲が雨を降らせてねえ、いらだった海がばしんばしんと港の防波堤に打ちつけてさ。山の湧き水でサニー・ラングタンドの住むほら穴が水漏れしちゃって、薪はべしょべしょ。魔女はふいごを構えてしばらくがんばってたけどね、そのうちに怒ってぶん投げてさんざん踏みつけてたよ。でね、「スラングベックに火種をくれって言ってきな!」って、ぼくに言いつけるんだ。おかげで寒い雨の中を出かけるはめになっちゃった。

ここで、ひとこと注意しといたほうがいいかな。サニー・ラングタンドってのはカルク・ベイ山地にいる、よくまあここまでってほど根性曲がりで骨と皮だけのばあさん魔女でね。スラングベックは野蛮な老いぼれドラゴンだよ。たいていはねぐらの穴で、お宝の山におおいかぶさってグデッとしてる。サニー・ラングタンドといっしょに空を飛んだり、タバコを吸ったりしてる時は別だけど。

それから、ぼくはボゴム。サニー・ラングタンドとは身内づきあいでね、ほら穴周りの汚れ仕事のおおかたをこなすし、スラングベックが言うことを聞いてくれない時なんかは、かわりに背中に乗せてお出かけしてあげることもある。ところでぼくはヒヒなんだけど、カルク・ベイ山地に住んでいれば、まあ住んでなくても重宝な生き物だよ。道路沿いに出てくる他のヒヒとの見分けもすぐつくし。ぼくはペルシアの長スリッパをはいてて、たまにシャベルをふるって、サニー・ラングタンドの料理を食べたことのない人たちが立てた「ヒヒにエサを与えないでください」って看板を掘り返してるからね。

こんなお天気じゃ、出てきてくれるかなあと思いながら行ったんだけど、ねぐらの中でスラングベックも退屈しててさ、話し相手がほしかったんだね。それにたぶん、サニー・ラングタンドのサワーミルクを一杯やりたかったのかな。

飛ぶよりも歩いたほうがいいってスラングベックが言ってくれたんで、ホッとしたよ。あいつはさくさく茂みを漕いで林道みたいな道をつけながら、革張りの大きなこうもり傘みたいな翼でぼくに雨がかからないようにしてくれてね。スラングベックが気になった場所をくまなく嗅いで回れるように、上から下からぐるりって調子でいっしょに歩いたんだ。歩くのは別にかまわないよ、雨の日にドラゴンのそばに立つのは、熱いストーブのそばと同じようなもんだからね。

ぼくらが戻るころには、さんざん待たされたサニー・ラングタンドはすっかりご機嫌ななめでね、ケンカ上等でやたら突っかかってきてたよ。スラングベックがわざわざ頭を突っこんで火をつけてやっても、ありがたいって態度じゃなかった。お礼も言わずに黒いクレイパイプを吸いつけてね、すぐにもくもくと煙をたてて隠れちまった。スラングベックのほうもお古の炭を口いっぱいにほおばってね、自分の好きなように吸い始めてさ。じきにほら穴の両者の間に、どんよりと濃い煙がたちこめたもんだ。

「お出かけには水っぽい日だな」サワーミルクを出してくれないかなあと思いながら、スラングベックは言った。そしたらサニー・ラングタンドにどなりつけられてさ、ネズミ捕りみたいな口の端から、「霧はお出かけ日和だよっ」だって。「おおかた道に迷ったんだろ？　表通りも同然の道をわざわざ尋ね回らなきゃだめだったのかい？　あたしゃその間ずっとタバコを吸いたくて死にそうだったのに、これっぽっちも火の気がなかったんだからね！」

「いいかい、魔女ばあさん！」スラングベックは口角泡を飛ばすかわりに火を噴きかけた。

「おれは迷うってことがないの、時間だろうが空間だろうが星間だろうが！　ヒヒに道案内してもらわないと無理な老いぼれにそんなこと言われてたまるかよ！」

　そのころには洞窟の中が暑くなってたんでね、ぼくはスラングベックの脇をすりぬけて、ひんやりした外の風に当たりにいった。

　もうもうたる視界が晴れてみれば、ほら穴からはみ出たスラングベックの長ーいしっぽ以外でまっさきに見えたのは、えらくずぶ濡れの外国人紳士だった。ちょっと心配そうにスラングベックの背中を眺めている。「みっともないと思って見てるんなら」と、ぼくは思ったね、「スラングベックの顔なんかどうなるのかねえ。ましてやサニー・ラングタンドなんか、裏も表もスラングベックよりみっともないぞ」

　外国人紳士は大きなターバン以外は鼻とスリッパしか見えないほど、ばかていねいに頭を下げてきた。「これはこれは恐悦至極に存じます！」なあんて声を張り上げられちゃってさあ、ぼくはもう体をぽりぽりかきながら思案しちゃったよ、こいつどうしようかなって。「わたくしめは遠いペルシアの地からまいりました冒険家で、なだらかな砂漠のお歴々やスルタンがたの使者をつとめております。ああそれなのにそれなのに、ただ今は国に戻ってパシャご自身にじかにご報告することができず、ほとほと困り果てておるのです」

見知らぬ男はそう言ってね、ケープ地方の冬のせいでカビだらけのボロボロになった魔法のじゅうたんを見せたんだよ。「しかも泣きっ面に蜂とはこのこと、わたくしめの大好きな乗り物が、よりによってこんな時に飛行能力をなくしてしまいました。むろん、時間を越えて帰国する能力もです」

ぼくねえ、「はあ？」なんて、おつむの鈍い山地の毛むくじゃらみたいな物言いをしちゃったよ。まあ、違うのかと言われれば実際その通りなんだけどさ。小柄な紳士のほうは、頭を上げてから自分の話し相手がヒヒだったと気づいたんだね。

「道に迷ってしまった。道案内してほしいのと、わしの時間旅行できる魔法のじゅうたんは、もうボロボロで飛べないんだよ」

「なら最初からそう言えばいいだろ？」と言ってやったね。内心では、しっぽを引っぱれるほど近くに竜がいるのに、道案内だのなんだのブツブツ言うなんて、頭を診てもらったほうがいいと思ったよ。竜から離れるに越したことないってのは鉄則だし、もちろんいつもはこんなやつ、ちょっと吠えて噛みついてさっさと追っ払っちゃうとこなんだけどさ、サニー・ラングタンドはお客にあんまりかまわないから。けど、ほら穴から派手ないさかいが聞こえてくるのがどうにも気にかかるし、こんな面白そうな外国の紳士を出してやれば、あいつらのいがみ合いもなし崩しになるんじゃないかなって。たとえそいつがパタパタやってきて、ちっちゃな水かきのあんよでこの山をパタパタ降りることになってもだよ。

ここいらへんじゃ、歓迎されないお客はそうなっちゃうのさ。サニー・ラングタンドにカエルにされちゃうから。

どうもその紳士は、スラングベックの横を通り抜けて洞窟に入るのが本気で嫌だったらしいけど。ぼくにしっかり捕まってたからね。火が明るく燃えさかるほら穴に入りこむ前に、「お客だよ！」と、声はかけといた。さもなきゃサニー・ラングタンドが鉄鍋でスラングベックの頭をぶっ叩くとか、そういった恥を今にもさらしかねないじゃないか。

スラングベックは来客に大喜びしたんだけど、サニー・ラングタンドは相変わらずご機嫌ななめでね。

「帰り道がわかんないのかい」と、最敬礼して事情を明かした客人をコケにした。「それでよくも冒険家でございなんて言えたもんだね？　とっとと着地点に背を向けてさ、自分の鼻の向くほうへ戻っていけばいいじゃないか。あたしはそうするね！　この老いぼれトカゲのスラングベックでさえ、三十分あれば回れ右ぐらいできるさ」そう言いながら、指で自分の鼻を叩くんだよ。なるほどサニー・ラングタンドの長い鼻はコンパスの針みたいに突き出ていて、暗がりでアンテナのように動く剛毛がびっしり生えてるからね、確かについていくにはうってつけだろうさ。

「マダムのお鼻も見たことがないほど巨大ですなあ」と、紳士は思わず口走っちゃった。

「カエルで決まりだな」とぼくは思ったけど、そこでスラングベックが割って入ったおかげで、残りの人生をスイレンの葉の上でケロケロ鳴いて過ごさずにすんだわけだよ。

「もうこんなの飽き飽きだよ、魔女ばあさん」と、どなった口からひとこと言うたびに熱が放たれ、まるで炉のふいご口の戸をいちいち開け閉めするみたいだった。「海賊船時代には、こんなやつがいたもんだ。おれなら目をつぶってても国へ連れ帰ってやれる。それとも何かい、そのどでかい鼻で道を嗅ぎあてるほうがうまくいくとでも思うのか?」

「そうかい、ならさっさと目をつぶりな、そしたらわかるよ」サニー・ラングタンドはそうどなって重い鉄鍋に手をのばした。だが、スラングベックのほうはおいそれと一杯食わされるつもりはない。だからぱっちり目を開けており、サニー・ラングタンドのほうもさりげなーく手を戻したのさ。

スラングベックは先割れした舌でちろちろと唇をなめながら、「おまえさんにこいつを絶対送り返してやれる自信があるんなら、おれはその賭けに乗るよ」と持ちかけた。「賭けるのはあのサワーミルクひとびんと、おれのお宝の中からピカピカの銅鍋ひとつでどうだい」

「いいとも!」サニー・ラングタンドは大声をあげた。スラングベックの鍋をずっとほしがってたからね。「飛ぶのはあんた、あたしはかじ取りだ」

みんなでいったん外に出て、スラングベックに乗る。あの紳士はかなり手荒に乗せてやらなくちゃならなかった。「本当にもう結構です、やんごとなき紳士にマダム。もよりの魔法のじゅうたん修理業者への行き方をざっと教えていただければ」とか、蚊の鳴くような声で泣きごとを言ってたね。

「お黙り」サニー・ラングタンドはわりと楽しそうだったよ。ぼくは黙ってた。ぼくからすれば、魔女をおぶって山を駆け上がるより、スラングベックに乗るほうがなんぼか楽だからね。

スラングベックは山腹から町の上空へ飛んだ。はるか下の家々が、おもちゃみたいだ。やがて灰色の雲深くにもぐりこむとね、ぼくの毛皮に霜粒がついてキラキラしたよ。

「行きたい場所をはっきり思い浮かべて、心にとどめときな！　おれはそこから拾うよ！」スラングベックが吠えた。「あんたに心なんてもんがあればの話だがな、魔女ばあさん」わりと大声だったもんだから、でこぼこの頭をサニー・ラングタンドにぶん殴られてたよ。

けど、サニー・ラングタンドだって賭けに勝ちたかったからね、スラングベックに自分の心をのぞかせてた。そしたら竜のほうがブルっとしてさ、心にしまっておいたものがあまりお気に召さなかったんだろうね。魔女のほうはくっきりと思い描くと、身を乗り出すようにしてね、ぼさぼさの髪をなびかせてスラングベックの耳元でああだこうだと指示をがなってた。

「砂だ！」魔女がどなる。「あたしが考えてたのはそいつさ！　砂がどっさりあるとこ。ペルシアだってそうだろ！」

「まあ、あんたが絶対だって言うんなら」竜が腹にひびく声で言うと、ぼくら全員まとめてフッと消えうせ、雲に残った竜形のすきまが雷みたいな音とともに閉じた。

スラングベックのあの特技は、どこへ行くにも時間がかからない。一気に行きたいところへ行ける。もちろん、よっぽどバカをしなければだけど。たとえば、自分がもともといた場所をちゃんと思い出せなくなるとかさ。

みんなで巨大な砂丘のそばに出ると、サニー・ラングタンドは、「やったね！」と勝ち誇った。「一発正解だ。ねらい通りの砂にたどりついたよ」

「ちょっと違うんじゃないかな、魔女ばあさん」スラングベックが言う。「場所はまあまあ合ってるが、時期がずれてる。どうやら二、三百万年てとこかな」

「だれだい、そんなこと言うのは？」サニー・ラングタンドが大声で詰め寄る。

「あいつさ」と、スラングベックがあごをしゃくった先には、大きなティラノサウルス・レックスがニタリと歯をむきだして砂丘を迂回し、まさにドスドスと近づいてこようとしていた。とたんにあの紳士はターバンをぐいと引き下げ、必死で飾り房をかじりだす。その横をすりぬけたぼくが、サニー・ラングタンドの耳元でどなりつけた。

「大きなターバンを思い浮かべるんだよっ」と、せきたてたのは、もっと現代寄りの時代に飛べればと思ってさ。

「走れ！」魔女が叫んだ。あの竜は空を飛んでる時でないと、姿隠しの術が使えないんだよ。あたふた砂丘のいただきに登るあとを、ドーン、ドーン、ドーンという恐竜の重い足音に追いかけられながら、スラングベックは翼を広げて飛びたった。

そうして砂丘の上空をぐるんと旋回し、恐竜の走る姿を見おろした。

「あの恐竜は鍋で叩かないのかい」と、サニー・ラングタンドに言ってやる。魔女のほうは心に思い描くので手いっぱいで、答えるどころじゃなかった。

しばらくすると魔女はまた身を乗り出して、吹きすさぶ風の中で方向指示をがなった。今思い浮かべているのが正しい図で、いやなものなんかじゃないように願うばかりだ。

また姿をあらわしたぼくらは、まだ飛んでいた。スラングベックが安全策をとってくれてよかった。ここは青い海の上空で、砂浜からこれでもかと離れた場所だ。かぎなれない臭いがする異国の大気に太陽が強烈にぎらついていたが、大きなターバンは見あたらなかった。最後の最後でサニー・ラングタンドの集中力が切れて、また道をそれたのかもしれない。

「で、ターバンは？」と尋ねても、サニー・ラングタンドからもスラングベックからも答えは返ってこない。

「あのう、よろしいですか」あの紳士がいかにも自信なさそうに、「どうも、あそこに竜がもう一匹か二匹いるようですが」

するとスラングベックの脇腹が興味で温まり、翼を広げて海の上を急降下していく。しばらくして判明したのだが、そっちはスラングベックのような本物でなく、鮮やかに塗装した木造船に荒ぶる竜の顔を彫りつけ、スラングベックの翼に似た形の帆を張っただけだった。

「中国のジャンク船だ！」意外や意外、スラングベックの大声は満更でもなかった。「ドラゴンボートってやつさ。今から実地にひとつふたつ教えてやるよ、サニー・ラングタンド」

と、あっちがぼくらに気づくまで大げさに下降と上昇を繰り返した。するとたいへんな騒ぎになり、下から男たちがわらわらと出てきた。そろってひざまずき、甲板に頭を打ちつけ始める。

「でっかい帽子だなあ！」ぼくが叫んだ。だって、ゴミ箱のふたそっくりな丸くて大きいのをかぶってたやつが何人かいたからね。

「帽子が違うだろ」サニー・ラングタンドがへそを曲げる。「あたしゃ、ターバンを思い浮かべてたのにさ、別の大トカゲやらなんやらで、ほんのちょっと気が散ったんだよ。なんでああして自分で自分の頭をぶつけてんのさ？」

　スラングベックが笑いだして、すさまじい音をたてた。フゴーッフゴーッフゴーッとしか聞こえない。「あれはね、叩頭ってんだよ」と笑う。「拝んでるのさ。竜を拝んでるんだよ、サニー・ラングタンド。自分かなと思ったんだろうけど。敬意のあらわれってやつだな。言っとくけど、おれの生まれ故郷なら、たぶんこんなもんじゃないぞ」

「ペルシアならひざまずいて頭を下げますよ」と、あの紳士が話をそらそうとした。ゆっくり向いたサニー・ラングタンドが、鼻の下の長さ二本分くらいの至近距離でその目をじっと見てやる。「もちろん竜に対してじゃありませんよ」と、あわてて口走る。「いやいやそんな、ハッハッハ！　そんな、違いますとも。竜なんか拝みませんよ。なんせ矢の的にするぐらいで…まあその」またぞろターバンの房を口に詰めてせっせとかじりだした。

スラングベックがしばらくはばたくのも忘れて、今の話を考える。首を背中へふたつ折りにして、さかさまになった頭でぼくらをにらんでいた。

　その動きは船の人たちを大いに喜ばせたが、ぼくはあんまり好きじゃなかった。だって、

絵／ジョー・ハーヴェイ

おぞましいデコボコ肌をやっとなんとか見慣れてきたのに、角度を変えてまた見せつけられるんだもの。

「じゃあ、おれを矢で狙うような場所にこいつを連れて帰ってやれって言うんだな？」スラングベックはサニー・ラングタンドに訊いた。

「泣きごとはおよし」サニー・ラングタンドはあくまで銅鍋を手に入れるつもりだ。「まあとにかく、これからはいい印象を持たれると思えばいいさ。こいつを帰してやるんだから。これからはもう竜を射たなくなるかもしれないじゃないか」

「竜射ちを止めるなら、もっといい手があるぞ」スラングベックはまた振り向いてぼそりと言った。「あんたに行き先を思い浮かべさせるのは今回限りだ、魔女ばあさん。だめならサワーミルクはおれがもらう。けちな射手ともおさらばだよ」と、あとから考えてつけたす。そしてサニー・ラングタンドが集中しようとするのをよそに、竜船の上空でさよならの挨拶がわりの急降下を繰り返した。

「ちゃんとしたターバンを思い浮かべなよ」ぼくが言ってやった。

サニー・ラングタンドのキンキン声の合図で、ぼくらは船の上に広がる青空から花火さながらポンッと消えた。スラングベックは、船員どもの信仰をつなぎとめようと火を噴いた。

「ばっちりだね」ポンと出た先は玉ねぎ飾りをつけた高い塔が立ち並ぶ都市で、サニー・ラングタンドはほくそ笑んだ。そこは砂漠のど真ん中でヤシの木だらけ、われらが紳士そっくりのターバンを巻いた男たちだらけだ。決め手は、空飛ぶじゅうたんの滑走路近くの砂丘に出ていた大看板だった。「ペルシアへようこそ」

何かがヒュッとぼくらの横をかすめた、鋭くて耳障りな音だ。見れば、しましまの羽根をつけた矢が太陽めがけて弧を描いていく。弓を構えた男たちが先を争って屋根の上に出てきて、こっちを狙っていた。

「着陸してこいつを降ろしな！」銅鍋しか頭にないサニー・ラングタンドがどなった。

「自分が着陸して降ろしてやりなよ！」スラングベックは憤慨しながら、懸命にはばたいて上昇した。さっきの音がヒュヒュヒュヒュヒュッとかすめていくのを、スラングベックがツバメのようにひらりとかわした。

「こいつを地面に降ろしたいんだよ！」相手がどんな口実をつけてでも賭けを降りる気だと悟って、サニー・ラングタンドはキンキン声で言いつのった。

「そんならわざわざ着陸するまでもないだろ」と、スラングベックに言われた。

「しっかりつかまってろ！」そのことばはサニー・ラングタンドにもぼくにもしっかり通じて、竜の背にしがみついた。ただしアフリカーンス語にはアラビア語からの外来語もいくつかあるけど、「ホウ」も「ヴァス」も違うので、裏返ったスラングベックの背からあの紳士の姿がフッと消えた。

「うわあああ！」市街がらせんを描いて近づくと、紳士は絶叫した。

「いやあああ！」銅鍋が霧のように消えゆくのを見て、サニー・ラングタンドが絶叫した。

　ぼくらですかさず紳士を捕まえた。ぼくは両足のかかとを、サニー・ラングタンドはターバンをつかみ、そのまま一分ばかりハンモックのようにぶらぶらーんとさせてた。やがて紳士のスリッパが脱げ、ターバンがほどけて落ちて布の片端に悪態をつくサニー・ラングタンド、もう片端にあの紳士をつけてヨーヨーみたいに伸びていった。

　最後に見かけた時の紳士は玉ねぎドームの一つに腕を巻きつけ、あいつらを射てと射手たちにどなっていた。ぼくらのおかげで国には帰れたのだし、あのまま路頭に迷うところを助けてもらったのに、ずいぶん恩知らずじゃないかと思うけど。サニー・ラングタンドは細長いターバンを旗のように振り、ぼくはスリッパを振ってさよならしたのに、なんの挨拶もなかった。

　もちろん、みんなで帰宅したとたんにスラングベックは賭けを逃げようとしたよ。三回やらせたんじゃ二回多いし、塔に人をぶら下げるのは、ちゃんと連れ帰ったうちに入らないと言い張ってさ。で、サニー・ラングタンドが言い返してすごい口げんかに発展し、ぼくはその前にいち抜けて、またスラングベックの脇をむりやり通って出てきたんだ。考えてみれば、あの外国の紳士に出くわした時に逆戻りだね——というか、なんなら前より悪いか。だってサニー・ラングタンドとスラングベックがほら穴で丁々発止の火花を散らす間、ぼくは外で雨に打たれてるんだもの。でもさ、すてきなペルシアのスリッパは手に入ったし、サニー・ラングタンドはターバンの布をたっぷりもらった。スラングベックだってあのジャンク船の連中に拝んでもらったからね。とはいえ、総じて苦労に見合う成果とは言えなさそうだよね。だから次にお客さんがあったら、へたに気を利かしたりしないよ。ヒヒらしく相手に噛みつくとかして、あとの始末はスラングベックとサニー・ラングタンドにめいめい任せておけばいいのさ。

この本の編者ネルソン・マンデラについて

ホリシャシャ・ネルソン・マンデラほど、世界で愛され賞賛される英雄はなかなかいない。マンデラは一九一八年七月十八日に南アフリカの辺境トランスケイの小さな村ムベゾで、広義にはコサ人となるテムブ人の王家に生まれ、その後に家族でクヌという別の村に移った。長老たちからアフリカ大陸の歴史民俗や、白人の植民地主義への抵抗と勇気を示す逸話を語り聞かされて育つ。

一九四一年に南アフリカ大学で学士号を取得、少数民族支配に非暴力での対抗を戦略とするアフリカ民族会議（ANC）の政治手法に惹かれる。一九五〇年代初頭には、南アフリカの黒人にどこへ行くにも通行証携帯を義務づけた通行証制度廃止のキャンペーン組織を立ち上げ、反逆罪で逮捕されたが五年の裁判をへて無罪となる。

一九六二年に再逮捕、今度の罪状はサボタージュと陰謀罪だった。裁判でマンデラは次のようにコメントしている。「わたしはすべての人が調和し、平等な機会を持って共生できる、民主的で自由な社会の理想を大切にしてきました。生きてこの理想をなしとげたいと願っていますが、必要とあらば、そのために死ぬ覚悟もしています」有罪が確定したマンデラは、やがて世界で最も有名な政治犯となり、仲間とともにロベン島刑務所で「島大学」と称された自己教育システムに着手した。獄中のマンデラは南アフリカをアパルトヘイト国家から民主主義国家に変えるため、政府との交渉を開始した。そして二十七年の獄中生活から一九九〇年に釈放された。

そのわずか三年後の一九九三年、ネルソン・マンデラはアパルトヘイト解体の功績を認められて、F・W・デクラーク元大統領とともにノーベル平和賞を受賞した。一九九四年、南アフリカの黒人大多数が参加した民主的選挙により、マンデラは黒人初の大統領に選出。一九九四年五月の就任から五年にわたり南アフリカ共和国大統領をつとめた。その後はヨハネスブルグで妻のグラサ・マシェルと暮らし、世界平和と祖国を含むアフリカ全体の発展に尽力し続けた。二〇一三年十二月五日に死去。

物語を集めた人たち

ジャック・コープ　一九一三年ズールーランドの農場生まれ。ズールーの言語と文化に親しんで育った。生涯で数多くの小説、詩集、短篇集を出版し、南アフリカ国内外でさまざまな文学賞を受賞した。

アレックス・ダンジェロ　両親とともに九歳で南アフリカに移住。ケープタウン大学で中世英語の修士号と図書館員・情報科学の学位を取得し、現在は美術図書館勤務。

I・D・デュプレシ　一九〇〇年生まれ。主にアフリカーンス語の詩人として知られ、ケープ・マレー族と呼ばれるケープ在住のイスラム教徒と終生にわたり深く関わった。新年にケープタウンの街を歌い踊るケープ・マレーの「軍隊」が、オランダやアフリカーンスの古い民謡を知っている唯一の人々であることを知ってからは、ケープ・マレー合唱団の設立に貢献。ケープ・マレーの伝説や民話や怪談の再話を何冊も出版した。

ピーター・W・グロッベラー　先住民の民話や詩の収集家、記録家として知られる。初めはジャーナリストとして出版業界に入り、その後、アフリカーンス文化研究の講師となった。著書多数、民話集では数々の賞を受賞している。

ジェイ・ヒール　若いころに南アフリカに教師として移住。語り部、作家、アンソロジー編纂者、評論家、児童書専門家として知られる。南アフリカ児童書フォーラムの幹事、ＩＢＢＹ（国際児童図書協議会）のハンス・クリスチャン・アンデルセン賞審査委員長（本書出版当時）。

グローディアン・コッツェ　一九二一年ナマクアランドの農場生まれ。幼いころから同地域のナマ人の物語を聞いて育つ。ステレンボッシュ大学で学び、過半生を教師や教育司書として過ごした。

グシナ・ムロフェ　一九五八年ダーバン生まれ。女優、劇作家、演出家、児童文学作家、ストーリーテラーとして南アフリカ全土に知られる。一九八三年からはソウェト（ヨハネスブルグ南西タウンシップ）からエジンバラまでの会場で舞台に立ち、ヨーロッパとアメリカでも定期的にツアーを行っている。グシナは、非凡な語り部だった祖母のもとで、幼いころから語り部としての能力に磨きをかけてきたという。執筆や演劇活動でさまざまな賞を受賞し、若手の語り部を育成している。

ジョアナ・モルレ　教育者として長く活躍し、最初は教師として、次にルステンブルグ地域の小学校長として、最後はボフタツワナ教育省の教育プランナーをつとめた。セツワナ語教育委員会委員も経験している。

ユリアス・ウルカ　十九世紀初頭にベルリン伝道教会の宣教師として赴任。タンガニーカ（現タンザニア）で活動した。キベナで聞いたアフリカの物語をドイツ語で書き留めるという重要な文学的保護活動を行い、口承で伝えられてきたこれらの知られざる物語を、文字という形で利用可能にした。

カシヤ・マカカ・フィリ　一九四八年南ローデシア（現ジンバブエ）生まれ、マラウイ育ち。十三歳から書くことに興味を持ち、一九六九年にラジオドラマ原作者として成功への道を踏み出す。マラウイ、カナダ、米国、インド、南アフリカ、ナイジェリア、英国の雑誌に詩を掲載。一九八三年以降は政治亡命者としてアメリカのアーカンソー州在住。

ダイアナ・ピッチャー　一九二二年ナタール生まれ。ナタール大学卒業後は教師となり、ナタール、ジンバブエ、イギリス、ヨーロッパで働く。代表作はアフリカ民話集『Calabash Child』と『Mischief Maker』の二冊で、どちらもアフリカの八言語で出版されている。

マルグリット・ポーランド　東ケープ州ポートエリザベス郊外の小農場で育つ。ローズ大学でコサ語と人類学を学び、ステレンボッシュ大学でコサ語の学位を、ナタール大学でズールー語の民俗学修士号とズールー語文学博士号を取得した。多数の児童書と三冊の大人向け小説を発表して高い評価を得ており、権威あるパーシー・フィッツパトリック賞（児童文学部門）を二度受賞している。クワズールー・ナタール州在住。

ミニー・ポストマ　レソト国境に近いフリーステイト州の農場で育つ。セソト語をアフリカーンス語と同様に話せ、夕方になると焚き火を囲んで語られる物語に熱心に耳を傾けた。こうした伝統民話を徹底的に研究し、後にソト語の言い回しを駆使して独自の物語を創作できるまでになった。彼女の物語を翻訳した『Tales from the Basotho』は、一九七四年にアメリカ民俗学会から出版された。

リンダ・ロード　幼児から高校生までを対象としたアンソロジーの編纂者としても知られる。さらに多数の児童書を手がけた翻訳者としても知られ、フォークロアやおとぎ話に関する幅広い知識を、南アフリカの出版社から請け負った多くのプロジェクトに活かした。

フィリス・セイヴォリー　一九〇一年、現ジンバブエの農場生まれ。幼いころに遊び仲間と一緒に夕べの焚き火の周りで語られる物語に耳を傾け、アフリカ民俗学に対する生涯の情熱をはぐくんだ。アフリカ各国滞在中に多くの物語を採集、ウサギの類話を特に精力的に集めた。六十歳を過ぎて執筆を始め、三十年で十九冊の物語を出版した。

ヒュー・トレイシー　十八歳で現在のジンバブエに移住し農業を営む。現地のカランガ語（ショナ語の方言のひとつ）を学び、現地の人々に親しまれる豊饒な音楽に驚嘆。南・中部アフリカの音楽民俗の記録保存と周知を生涯の仕事にした。一九五四年にグラハムタウンのロードス大学の後援で、アフリカ音楽国際図書館を設立した。

アンナリ・ヴァン・デル・メルウェ　南アフリカの出版社タフェルベルグの児童書編集者を経てクウェラ・ブックスを立ち上げた。子ども向けの詩集を執筆したほか、雑誌にさまざまな記事や写真記事を掲載している。

シスリー・ヴァン・ストラテン　東ケープ州アリス生まれ、ケニアとウガンダで育つ。民俗学の修士号を持ち、自分の子どものために物語を書くことから始まった作家としての長いキャリアで大成功を収めた。

ジョージ・ワイドマン　アフリカーンス語屈指の多才な作家で、充実した賞歴を持つ。アフリカーンス語講師を長年勤めたのちに、現在はフルタイムの文筆業。

挿絵を描いた人たち

ババ・アフリカは覆面ペンネーム。

ニールズ・ブリッツ　一九七七年プレトリア生まれ。プロ・アルテ・アルフェン・パーク高校で絵画と版画を専攻し、優秀な成績を収める。ランド・アフリカーンス大学でアニメーションとコンピューター・グラフィックスを学び、メディア研究の学位を取得。スタジオでの展覧会や、カナダのオタワ・アニメーション・フェスティバル、南アフリカのテレビ番組などでアニメーション作品を発表。得意な画材は紙と鉛筆。

ジョナサン・カマフォード　一九六一年ケープタウン生まれ。フランク・ジュベール・アート・スクールで美術学位を取得後、ピーコック版画工房とスコットランド、アバディーンのキュレニアン・アート・センターで版画を学ぶ。一九八八年、ケープタウンにハードグラウンド・プリントメーカーズ・ワークショップを設立。これまでに数回の個展を開催し、国内外で数多くのグループ展に参加。その作品は数多くの公的コレクションや企業コレクションの代表作になっている。

ニコラース・デ・カットは覆面ペンネーム。

ジーン・フララヴ　一九二七年ライデンブルグ生まれ。ケープタウン大学のミカエリス・アート・スクールで商業美術を学び、二十年間、新聞や雑誌にファッション・ドローイングを描く。子ども向けのアニメーション・ビデオで賞を受賞し、それらはすべてテレビで連続放映されている。また、教育用の読み物や教科書の挿絵も数多く手がけている。

リン・ギルバート　一九四二年ダーバン生まれ。ナタール大学で美術の学士号を取得後、ローズ大学で美術の修士号を取得。これまでにさまざまな油絵展を開催し、作品の多くは内外の個人コレクションに収蔵されている。また、内外を問わず出版社や教育出版社のために数多くの児童書の挿絵を描いている。

ディーク・グロブラー　一九六一年ウォームバス生まれ。プレトリア大学で美術学士号、ウィットウォータースランド大学で美術修士号を取得。これまでに十回の国際個展と二人展、六回のグループ展を開催し、彫刻、絵画、パフォーマンス・アートで賞を受賞。彼の作品は、南アフリカとヨーロッパのさまざまな公共施設や企業のコレクションに収蔵されている。作品ごとに適した媒体使用を好む。

ピート・グロブラー　一九五九年ニルストルーム生まれ。プレトリア大学で神学の学位と博士号を、ステレンボッシュ大学でジャーナリズムの優等学士号を、ケープタウン・テクニカル・カレッジでグラフィック・デザインの学位を取得し、イラストレーションでファイン・アートの修士号を取得。ピートは、絵画とイラストレーションの両方で多くの個展、二人展、グループ展を開催してきた。南アフリカ国内外で数々の賞を受賞。

ジョー・ハーヴェイ　一九六四年ケープタウン生まれ。ステレンボッシュ大学でイラストレーションと美術史の美術学士優等学位、英文学修士号を取得。ケープタウンのインフィン・アート・ギャラリーやイタリアのボローニャ・チルドレンズ・ブック・フェアで作品を展示し、幼児向けの業界本や教育本の挿絵を手がける。

マーナ・ハッティング　一九七七年ブルームフォンテーン生まれ。ステレンボッシュ大学でファイン・アートを学び、イラストレーションでＢＡＦＡ優等学位を取得。ケープタウンとステレンボッシュで作品を展示。学業修了後、しばらく海外を旅した後、ケープタウンに戻る。

ロバート・ヒッチェンス　一九六二年ダーバン生まれ。ケープ・テクニコンでグラフィック・デザインを学び、デザイナーとして十二年間アパレル業界で働く。二〇〇〇年からフリーランスのイラストレーターとして教育書を手がけ、余暇には絵を描く。彼の水彩画は海外のギャラリーで販売されている。

ナタリー・ヒンリックセン　一九七四年ケープタウン生まれ。ケープ・テクニコンでイラストレーションとグラフィック・デザインを専攻し、グラフィック・デザインの学位を取得。雑誌のスポット・イラストレーション、広告の絵コンテ、ウェブサイトのアイコンなどを手がけ、ケープタウンのインフィン・アート・ギャラリーで作品を展示。ナタリーは、多くの学校の読み物や教科書、業界向けの絵本の挿絵を描いてきた。得意はグワッシュ画。

タムシン・ヒンリックセン　一九七四年ケープタウン生まれ。ケープ・テクニコンでイラストレーションとグラフィック・デザインを専攻し、グラフィック・デザインの学位を取得。スチューデント・ロエリーで金賞を受賞し、ケープタウンのインフィン・アート・ギャラリーで作品を展示。タムシンは、多くの教育的な学校の読み物や教科書、業界向けの絵本の挿絵を描いてきた。得意な画材はアクリル。

ニコラース・マリッツ　一九五九年プレトリア生まれ。ケープタウン大学で美術の優等学士号を取得し、国内外で四十回以上の個展やグループ展を開催。また、多くの絵本の挿絵を手がけ、国際的な賞を受賞している。ニコラースはフルタイムのプロ・アーティストであり、ミクストメディアの作品を制作している。

パドレイク・オメアラ　一九八〇年ケープタウン生まれ。ヴァーシティ市立映画ＴＶ制作学校でコンピューター・アニメーションを学び、映画およびTVアニメーションの学位を取得。その後、さまざまなプロジェクトに携わる。伝統的な技法では水彩を好み、ペンやインクの描画をスキャンしてコンピューター加工している。

ヴェロニーク・タジョー　一九五五年パリ生まれ。コートジボワール国立大学とパリのソルボンヌ大学で学び、フルブライト奨学金を得てワシントンDCのハワード大学で英語とアフリカ系アメリカ人の文明と文化を学ぶ。これらの大学でそれぞれライセンス、修士号、博士号を取得。国際的な絵画展のほか、絵本の執筆や挿絵も手がける。

ジェフリー・ウォルトン　一九七二年ケープタウン生まれ。ルース・プローズ美術学校でグラフィック・デザインの学位を取得。多くの教育用読本や教科書の挿絵を手がける。好みはペンとインク。

ジュディ・ウッドボーン　一九六六年ケープタウン生まれ。ケープタウン大学で美術学士号と美術修士号を取得。これまでに数回の個展を開催し、国内外で数多くのグループ展や版画ビエンナーレに参加。彼女の作品は、スミソニアン協会やフランスのシャマリエール現代美術館をはじめ、世界各地の公的機関や企業のアートコレクションに収蔵されている。現在も版画制作を続けている。

初出一覧

「魔鳥の歌」：ユリアス・ウルカ著 From the Heart of the Fire（Tafelberg, Cape Town, 1995）

「猫が人間の家に住みついたわけ」「川のカミヨ」「美青年の嫁選び」：ヒュー・トレイシー著 The Lion on the Path（Routledge & Kegan Paul, New York, 1967）

「この世に水がなかったころ」「王さまライオンの贈り物」「オオカミとジャッカルと樽いっぱいのバター」：ピーター・W・グロッベラーのアフリカーンス語著 Die Mooiste Afrikaanse Sprokies（Human & Rousseau, Cape Town, 1968）

「お月さまの使者」：ジョージ・ワイドマン著、リンダ・ロード編のアフリカーンス語著作 Goue Fluit, my Storie is Uit（Tafelberg, Cape Town, 1988）

「ヘビの族長」「水場のぬし」：ダイアナ・ピッチャー著 Catch Me a River（Tafelberg, Cape Town, 1990）

「怪物をだました男」：ジャック・コープ著 Tales of the Trickster Boy（Tafelberg, Cape Town, 1990）

「サンクハンビの言葉は蜜のよう」は本書初出。リンダ・ロードによるヴェンダ民話のアフリカーンス語再話を翻訳した。

「ムムルタとフィリ」「ライオンとウサギとハイエナ」「ウサギと木の精霊」「ウサギの仕返し」「雲間の姫」：フィリス・セイヴォリー著 The Little Wise One（Tafelberg, Cape Town, 1990）

「マディペツァァーネ」：ミニー・ポストマのアフリカーンス語著 As die Maan oor die Lug Loop

（Tafelberg, Cape Town, 1986）

「クモとカラスとワニ」：Husse met Ore（Tafelberg, Cape Town, 1993）アフリカーンス語から翻訳。ドイツ語版はオイゲン・ディートリッヒ・ファラグの Als die Baume in den Himmel Wuchsen（Düsseldorf/Cologne, 1977）

「ナティキ」：グローディアン・コッツェのアフリカーンス語著 Die Kalbasdraertjie（Tafelberg, Cape Town, 1987）

「カマキリとお月さま」：マルグリット・ポーランド著 The Mantis and the Moon（Ravan Press, Johannesburg, 1979）

「七つ頭の大蛇」：グシナ・ムロフェ著の絵本（Skotaville, Braamfontein, 1989）。本書は原作を改訂した。

「お妃オオカミさま」「スルタンの姫君」：I・D・デュプレシのアフリカーンス語著 Doederomandro en Ander Kaapse Stories（Human & Rousseau, Cape Town, 1970）

「ヴァン・ハンクスと悪魔」：アンナリ・ヴァン・デル・メルウェ著、リンダ・ロデ編のアフリカーンス語作品 Goue Lint, my Storie Begint（Tafelberg, Cape Town, 1985）

「王さまの指環」：ジェイ・ヒール編著 Storytime（Tafelberg, Cape Town,1987）

「りこうな蛇使い」：C・F・アルベルティンおよびJ・F・スピース編のアフリカーンス語作品 Kinders van die Wêreld, volume 5（Albertyn, Cape Town, 1963）

「悪魔の壜詰め」：アレックス・ダンジェロ著 Asmodeus-A Forkful of Tales from Devil's Peak（Tafelberg, Cape Town, 1997）

「土になったお母さん」はカシヤ・マカカ・フィリの書きおろしによる本書初出。

「モトロピーの木がくれたもの」：リンダ・ロード、ハンスおよびクリステル・ボーデンスタイン編 Stories South of the Sun（Tafelberg, Cape Town, 1993）

「フェシート、市場へ行く」：シスリー・ヴァン・ストラテン著 The Great Snake of Kalungu and Other East African Stories（Juventus, Pretoria, 1981）

「サニー・ラングタンドのお客さん」：アレックス・ダンジェロ著 The Trouble with Sannie Langtand（Tafelberg, Cape Town, 1997）

アフリカのみんなのお話　訳者あとがき

世界中を探しても、ネルソン・マンデラという名前をこれまで一度も聞いたことがない、あるいは知っているけど嫌いだ、という人はあまりいないでしょう。黒人で初めて南アフリカ共和国という大きな国の大統領になった人ですが、それだけでなく、人種や国にこだわらずに人々の幸せに一生をささげた偉大な人でした。死後何年たっても、マンデラさんが世界中から愛され慕われ続けているのはそのためです。

マンデラさんは、南アフリカのテンブ人マディバ部族の族長の家に生まれました。愛称「マディバ」は出身部族の名前でもあります。テンブ人は千八百年も前からアフリカ全土に広がって栄えたバントゥー民族の末裔にあたります。バントゥー人には文字がないので、自分たちの歴史やいろんなできごとをすべて語り伝えてきました。マンデラさんも小さなころからそうしたお話を何度も聞いて育ったのです。子どもにとっては自分たちの歴史や世界観を学ぶだけでなく、親や身内のおじいさん、おばあさんに面白いお話を聞かせてもらう楽しいひとときだったことでしょう。のちのマンデラさんがアフリカ全体を見渡す広い視野を持つようになったのも、ひとつにはお話によって培われた「バントゥーの子孫」という自覚のおかげかもしれません。つまり、偉人になったマンデラさんの原点は、幼いころからくり返し聞かされたアフリカの物語だったともいえます。

みなさんご存じのように、アフリカは音楽もさかんです。アフリカの物語には歌がつきもので、素朴な歌やダンスで子どものころから音感を養います。語り部たちも歌うように語ります。マンデラさんがうれしい時や楽しい時はもちろん、苦しい時やつらい時にそうした音楽が心の支えになったことも一度や二度ではなかったはずです。

あいにく英語だけですが、そうした語りを体験できる有料ダウンロードもありますので、ご興味があればどうぞ。文中に出てくる歌もそちらで聞けます。

https://www.amazon.com/Message-Archbishop-Desmond-Tutu-Folktales/dp/B002FQ7Q4U/ref=tmm_aud_swatch_0?_encoding=UTF8&qid=&sr=

さて、成長後のマンデラさんはさまざまな苦しみを乗り越えて人々のために尽くし、いつしかみんなに「タタ」と呼ばれるようになりました。「お父さん」という意味です。「お父さん」にはさまざまな役割がありますが、お話という宝ものを次の世代に語り伝えるのも大事な仕事です。

ならば南アフリカだけのことにせず、お話のルーツからアフリカ全体のつながりを明らかにしてみよう、そうして世界の子どもたちにもアフリカのお話のすばらしさを届けて、心の栄養にしてもらいたい――いかにもマンデラさんらしい着想です。ただ、昔ながらのお話だけではアフリカの「今」がどうしても足りません。そのために現代作家のお話もいくつか加え、アフリカに生きるみんなのお話と呼べる一冊ができあがりました。

Madiba Magic を直訳すれば「マディバの魔法」ですが、マディバ族に伝わった魔法のようにすてきなお話というだけでなく、マディバさんの魔法、それにマディバさん自身の奇跡の歩みを支えた力のもとという意味もこめています。その魔法が、みなさんの人生を豊かにしてくれますように。

二〇二三年七月　ネルソン・マンデラの誕生日に

和爾桃子

訳者

和爾桃子（わに・ももこ）

翻訳者（主に英米語）。慶應義塾大学文学部中退。サキ四部作『クローヴィス物語』『けだものと超けだもの』『平和の玩具』『四角い卵』、デ・ラ・メア『アーモンドの木』『トランペット』（以上、白水社）、「夜ふけに読みたいおとぎ話」シリーズ（共編訳、続刊中。平凡社）など著訳書多数。

【お問い合わせ】
本書の内容に関するお問い合わせは
弊社お問い合わせフォームをご利用ください。
https://www.heibonsha.co.jp/contact/

マディバ・マジック

ネルソン・マンデラが選んだ
子どもたちのためのアフリカ民話

2023年9月20日　初版第1刷発行

編者　ネルソン・マンデラ
訳者　和爾桃子
発行者　下中順平
発行所　株式会社平凡社
〒101-0051　東京都千代田区神田神保町3-29
電話　03-3230-6573（営業）

印刷・製本　図書印刷株式会社
デザイン　松田行正、杉本聖士

ISBN978-4-582-83926-5

落丁・乱丁本のお取り替えは小社読者サービス係までお送りください（送料小社負担）。
平凡社ホームページ　https://www.heibonsha.co.jp/